JN096121

管理会計

齋藤正章

（新版）管理会計（'22）

©2022　齋藤正章

装丁・ブックデザイン：畑中　猛

o-19

まえがき

　わが国の企業を取り巻く経済環境は劇的に変化してきており，日ごとにその厳しさを増している。経済の好況期や安定期には経営手腕の良し悪しが取り沙汰されることは少ないが，グローバリゼーションを背景とした今日の企業間競争の激化は，余儀なく経営者を淘汰していく。もはや独善的な経営手法は必要とされず，市場経済のなかで企業が存続して行くための基本原理に忠実な経営が求められているのである。

　本書は管理会計という切り口からこの基本原理を論述するものである。管理会計の目的は，経営者や管理者が行う意思決定を支援し，業績評価システムを通じて被評価者に望ましい行動選択を促すのに有用な会計情報を提供することにある。もちろんその背後には組織の効率性を高め，企業価値を増加させるというより大きな目的があることは言うまでもない。これらの目的が達成されるように，本書は大きく分けて5つの部分から構成されている。

　第1部は管理会計の総論部分であり，第1章が該当する。企業の目的を定義し，それを達成する手段として管理会計がどのように役立つかについて解説している。財務会計は企業外部に報告する会計であるので，比較的視界に入りやすいのに対し，管理会計は企業内部に報告する会計のため見えづらいという特徴がある。しかし，「見えづらい＝無い」ということではないので，身近な事例に当てはめて具体的に考えて頂きたい。

　第2部のテーマは原価管理（コスト・マネジメント）である。第2章では様々な原価概念と基本的な原価計算の仕組みについて学習する。目的に応じて利用される原価の概念は変化し，製造形態によって原価計算の方法が変わってくる。それぞれに適した概念，方法について理解することが重要である。第3章では，標準原価計算における原価差異分析による原価管理について説明する。特に標準原価計算における重要な概念は「能率」であることに注意しよう。第4章では間接費の配賦を工夫した活動基準原価計算（ABC）について学ぶ。活動基準原価計算が登場する経緯とその具体的な計算方法について解説する。第5章では意思決定に利用される原価の種類，ならびに活用方法を紹介する。機会原価についての理解が管理会計学習の大きな成果の1つとなるであろう。

　第3部のテーマは意思決定会計であり，なかでも予算管理に焦点を当てている。第6章では予算管理システム全体について学習する。予算を手続き論から理解するのではなく，組織設計の枠組みのなかで理解することが重要である。また，金額が大きかったり，投資対象期間が長かったりという意味で，後戻りできないため慎重な判断が求められる資本予算について理解を深める。その糸口として，第7章では貨幣の時間価値や投資決定ルール，第8章では資本コストについて説明する。

　第4部は業績管理会計についてである。第9章では業績指標選択の重要性について解説する。業績指標の選択を誤るということは，羅針盤が壊れていて目的地に到達できない旅にたとえられる。目的地に辿り着こうとあがけばあがく程，目的地から離れてしまうという悲劇を避けなくてはならない。次に，第10章では選択された業績指標に適う事業戦略について検討する。さらに，分権的組織の業績評価のための議論を深める

ために，第11章では部門別業績管理を，第12章では振替価格について解説している。第13章では長期的な価値創造を達成するために近年注目されている非財務情報の活用について説明する。

　最後の第5部は理論編である。管理会計の修得には実践的な部分とそれを支える理論的な部分が必須である。第14章では意思決定会計の基本理論，第15章では業績管理会計の基本理論に基づいてそれぞれのモデルを検討する。

　なお，具体的な学習方法であるが，本書も他の会計学関連の科目と同様に，電卓等を脇に置きながら実際に数値を追いかけて理解を深めるようにして頂きたい。

　本書は，この著書の前身である早稲田大学の佐藤紘光名誉教授と筆者との共著『改訂新版　管理会計』（放送大学教育振興会）に多くを負っている。ここに改めて佐藤名誉教授に心より深謝申し上げる次第である。
　また，本書の誤謬の責任は筆者にある。忌憚のないご意見を賜れば幸いである。

2022年2月
齋藤正章

6

目次

1 | 管理会計総論
―管理会計情報の役立ち―

《**目標＆ポイント**》　管理会計の意義や目的について理解しよう。その前段階として企業の目的やエイジェンシー問題という管理会計の背景について学ぶ必要がある。また，管理会計は意思決定会計と業績管理会計から構成される。そこにおける経営管理プロセスや意思決定プロセスを学習しよう。また，財務会計と対比することによって管理会計の特徴をより深く理解できると期待される。

《**キーワード**》　経営管理，企業の目的，企業価値，株主価値，エイジェンシー問題，機会主義的行動，エイジェンシー・コスト，戦略計画，マネジメント・コントロール，オペレーショナル・コントロール，意思決定会計，業績管理会計，財務会計との対比

1. 管理会計の意義と目的

　企業が顧客のニーズにあった製品・サービスを提供し，市場競争に勝ち抜いていくには，製品開発，原価低減，設備更新あるいは製品・サービスそのものの見直しなど，経営のさまざまな局面で現れる意思決定問題に適切に対処していかなければならない。そのためには問題解決に役立つ情報が必要となる。企業経営における意思決定の重要性と不確実性の増大に伴い，**経営管理**（management）に果たす情報の役割は，今日，著しく高まっている。情報の適否と情報活用の巧拙が企業の盛衰を左右するといっても過言ではない。

　管理会計（management accounting）は，経営管理に必要な情報を

経営者や管理者に提供するために，数量的なデータを認識・測定・伝達するプロセスのことをいう。**財務会計**（financial accounting）が，株主，投資家，税務当局など企業外部の利害関係者を報告対象とする外部報告会計であるのに対して，管理会計は企業の内部者を対象とするので，内部報告会計と位置づけられる。

　管理会計の一般的な目的は，各階層の経営管理者の意思決定を支援するとともに，業績評価を通じて，企業目的に適合する行動をとるよう経営管理者を動機づけて，組織の効率性を高めることにある。この目的のために展開される一連の会計行為が管理会計プロセスである。現実の経営実践において管理会計プロセスがどのように機能しているかを検証し，その有効性を高めるために利用可能な手段を探求することが管理会計の研究対象となる。

　管理会計はこのように情報機能を通じて企業経営に役立つことを意図しているが，具体的にどのような役割が期待されているかという論議に入っていくには，そもそも，企業とはどのような目的を追求する存在であるのか，という基本的な論議から始めなければならない。

2.　企業の目的

　企業の目的が何であるかについては，多様な論議が展開されている。これを「利潤の極大化」と規定する古典的な企業観や，利潤だけでなく，生産性，成長性，社会的責任などの多元的な目的を追求する存在であるとする行動科学的な企業観などが，その代表例である。しかし，企業財務論の世界では，株主が企業の所有者であるという認識のもとに，企業の目的を「株主利益の追求」と規定している。ただし，そこで追求される「利益」は，継続企業（going concern）の前提に立って，長期的なスパンで認識されるべき概念である。そこで本書においては，企業の共

通目的を「株主価値の最大化」，すなわち，「株主が企業から受取る将来
キャッシュフロー（現金の流列）の現在価値を最大化すること」と捉え
ることにする[1]。企業が回収したキャッシュフローのうち，資金提供者
である債権者と株主の双方に分配されるキャッシュフローを特にフリー
キャッシュフロー（FCF）という。このFCFの現在価値を「企業価値」
という。したがって，企業価値は，債権者に分配されるキャッシュフロー
の現在価値である「負債価値」と株主に分配されるキャッシュフローの
現在価値である「株主価値」から構成される。支払条件が明文化されて
いる負債価値を一定とすれば，株主価値の最大化は「企業価値の最大化」
と同義になる。よって，これを企業の目的とするのである。

　企業の目的をこのように株主価値に一元化して捉える考え方に対して
は，他のステイクホルダー（利害関係者）の利益を害するのではないか
という視点からの批判がしばしばなされる。しかし，企業が競争市場の
なかでのプレイヤーであり，株主が**残余請求権者**（residual claimant）
であるという立場を正しく認識するならば，そのような批判は当を得て
いないものと判断される。

図表1.1　ステイクホルダーの請求権　（単位：億円）

顧客が受け取る価値		1,000	
営業収益		800	消費者余剰（200）
営業費用			
人件費	400		従業員・経営者の請求権（400）
財貨・サービスの購入費	200	600	サプライヤーの請求権（200）
営業利益		200	
支払利息		100	債権者の請求権（100）
税引前利益		100	
税金（40%）		40	政府の請求権（40）
税引後利益		60	株主の請求権（60）

1　長期的スパンで捉える場合，利益とキャッシュフローの差異は縮小するから，
　両者を等価と考えてもよい。また，将来キャッシュフローの総額ではなく，その
　現在価値を最大化するのは，第7章で詳論するように，「貨幣の時間価値」と「リ
　スク」を考慮に入れるためである。

14

　図表1.1は，企業が製品・サービスを販売する対価として顧客から受取るキャッシュ（営業収益）[2]から，企業がサプライヤー，債権者，従業員，経営者，政府から提供される財貨・サービスに対して支払うキャッシュ（費用や税金）を控除した残余（すなわち，税引後利益）が株主の受取る請求権になることを示している。企業とステイクホルダーとの取引においてどのような価値が交換されるかは，それぞれの市場における当事者間の交渉に委ねられる。取引が継続的に成立するには，相互に満足が得られなければならない[3]。株主を含むどのステイクホルダーにも別の企業と取引する機会があることを前提にすれば，企業は少なくとも相手が他の取引機会を選択したときに得られる価値(これを**機会原価**という)を保証することが取引の成立要件となろう。

　しかし，株主が受取るのは他のステイクホルダーの請求権をすべて満足させた後の**残余**（residual）――すなわち，企業の収入から，サプライヤー，債権者，従業員，経営者などへの契約上の支払をすべて済ませた後の残り――である。企業はさまざまな不確実性に取巻かれているので，残余がいつもプラスになるという保証はない。マイナスになれば，損失を被る。そのようなリスクを負担しているという意味において，株主は最も侵されやすい請求権を所有する立場にある。そのため，株主は他のステイクホルダーの要求を充足しつつ企業の交渉力を強化すること

2　顧客が製品・サービスを購入するのは，支払対価を上回る価値を入手できるからである。経済学では，顧客が受取る価値と支払う対価との差額を消費者余剰と呼んでいる。顧客が購入する製品・サービスにどのような価値を認識するかは，人によって違うし，客観的には測定できないので，企業の損益計算では，顧客から受取るキャッシュ（営業収益）のみが認識対象となる。表面的には企業の収益と消費者余剰は背反する関係にあるが，消費者余剰を作り出す能力が衰えれば，顧客のニーズに応える企業の能力が低下し，競争力を失うから，究極的には，消費者余剰を高めることが企業の存続を決定づける要因となる。
3　企業の所有者と他のステイクホルダーとの利害は一般に背反する関係にあるので，相互に満足が得られるといっても，いずれの取引相手も「完全な満足」が得られることを意味するものではない。顧客は商品をもっと安い値段で買いたいと思うであろうし，労働者は賃金がもっと高くなることを望むであろう。

に最大の関心をもつ立場におかれる。企業活動に関する基本的な意思決定権限が株主総会という形で株主に与えられるのは，そのためである。かくして，健全な市場競争のもとで株主価値，すなわち，最も侵されやすい請求権の価値を高めることが，すべてのステイクホルダーの要求を充足することに繋がると考えられるのである[4]。

3. 企業のエイジェンシー問題

しかし，株主がそのような実権を有していたのは古典的な株式会社においてである。「資本と経営」が分離した現代の株式会社においては，経営の実権は経営者に委ねられているから，経営者が株主と同じ意識をもっているかどうかが重大な関心事となる。株主から経営者に意思決定権限が委譲されるのは，経営者が株主の善良なる**代理人**（agent）として，本人，つまり**依頼人**（principal）の利益に忠実な行動をとってくれるであろうと期待するからである。しかし，代理人が努力して獲得した成果は依頼人に帰属するという外部性のために，**エイジェンシー問題**と総称される代理関係に特有の問題が生じる[5]。代理契約が一旦締結されてしまうと，代理人が，依頼人よりも自分自身の利益を優先するインセンティブ（誘因）をもつため，両者の間に利害衝突が起こるからである。怠慢，役得，公私混同などの利己的行動（これを**機会主義的行動**という）がそれであり，そのために依頼人が被る損失を**エイジェンシー・コスト**という。経営者が株主の利益を害する例としてよく引き合いに出されるのが勢力拡張主義，いわゆる「エンパイア・ビルディング」である。フリーキャッシュフローは潤沢であるが有力な投資機会がない，いわゆる，成

---

4 株主価値の低下は株主財産が減少することを意味するから，そうした事態が事前に予想されるとすれば，良質な資本が企業に流入しなくなり，株主以外のステイクホルダーを満足させる能力が低下し，企業の生存能力を減退させるであろう。
5 Jensen and Meckling［1976］は，代理関係を「依頼人が代理人に意思決定権限を委譲して自己の利益のために何らかのサービスを行わせる契約を結ぶときに生じる関係」と定義している。

熟企業では，配当や自社株消却を通じて株主にこれを返還するのが株主価値に忠実な行動となるが，経営者の地位や影響力を強化すべく，収益性の裏付けのない事業にまで手を広げて，必要以上に組織を拡大させる行動がそれに該当する[6]。このような過大投資による企業価値の喪失をJensen［1986］は「フリーキャッシュフローのエイジェンシー・コスト」と呼んでいる。

　企業における代理関係は，株主と経営者の間に限られるものではない。組織の規模が拡大し経営者にすべての決定権を集中しておくのが非効率になると，権限委譲が必要となり，トップ・ミドル・ロワーと呼ばれるような階層的な管理組織が形成される。そこでは，トップとミドル，ミドルとロワーの階層間で上位者を依頼人，下位者を代理人とする代理関係が成立し，組織のあらゆる場所でエイジェンシー・コストが発生する余地が生まれる。例えば，事業部長の報酬が事業部利益にリンクしているとすると，リタイアを間近に控えた事業部長は，将来の利益を犠牲にして在任期間の利益を優先するかもしれない。そうした行動によって企業価値が低下したとすると，それはエイジェンシー・コストの発生を意味する。

　エイジェンシー・コストが過大になる場合には，依頼人の期待利益が低下するため，代理契約は締結されなくなる。それでは企業は成立しないから，組織が成立するためには，これを節約する仕組みが不可欠となる。代理人の行動を監視したり，インセンティブを与えて機会主義的行動を選択させないようにするシステムがそれである。ただし，それらのシステムの設計・運用にもコストが発生する。これを**コントロール・コスト**と総称すると，このコスト負担によって，エイジェンシー・コストは節約されるが，代理人の行動選択が依頼人にとって最適でないかぎり，エイジェンシー・コストがゼロになることはない。それに伴ってプリン

6　そのような組織の拡大は，一般に，経営者だけでなく従業員やサプライヤーの利益にも合致する。

シパルが受取る残余の低下を**残余損失**という。したがって，エイジェンシー・コストは，コントロール・コストと残余損失から構成される。

　経営者は，企業を代表してさまざまなステイクホルダーと取引契約を結ぶ。経営者がそれらの利害調整にあたって準拠すべき判断基準が，企業価値ないし株主価値の最大化に求められるのである[7]。企業の本質は**契約の束**（nexus of contracts）であると言われるように，組織参加者がいかなる契約で結ばれるかによって，組織の効率性は著しく変わる[8]。管理会計手法の大半はこの代理関係をうまく機能させる仕組みに関連している。

4.　経営管理プロセスと管理会計の実践主体

　マネジメントの仕事は，購買，製造，販売，研究，財務，人事などの業務をどのように行うべきかについて具体的な指示・命令を下すことにあり，指示・命令に企業目的との整合性と首尾一貫性を与えるのが，計画と統制からなる経営管理のプロセスである。その中身を理解するには，Anthony［1965］が提唱した枠組みが有用であろう。それによれば，経営管理プロセスは，**戦略計画**，**マネジメント・コントロール**，**オペレーショナル・コントロール**という3つのレベルから構成される。

　ここで，**戦略計画**とは，「組織の目的，目的の変更，目的達成のために用いる諸資源の取得・利用・処分に際して準拠すべき方針」などを決定するプロセスである。企業の目的が株主価値の最大化にあることは前述したとおりであるが，それはどの企業にも共通する一般的価値判断の

7　つまり，契約が締結に値するかどうかの唯一の判断基準は，それによって「企業価値が高まるか否か」に求められる。価値最大化という明確な判断基準がなければ，ステイクホルダーとの個人的な利害関係や経営者の好みといった説明のつかない要因が入り込み，結局は，経営資源の浪費を許すことになるであろう。

8　バイタリティに溢れた組織もあれば，沈滞ムードが横溢する組織もある。その違いを決定づけるのは，そこに集う組織参加者がどのような契約で（公式・非公式に）結ばれるかにある。いかなる相違を創出するかは，「契約の束」の要に位置する経営者の手腕にかかっている。

基準であって，それによって組織の具体的な方向性やビジョンが定まるわけではない。株主価値を創造するために，いかなる市場でいかなる事業によって競争優位を獲得するかという企業固有の具体的な目的や方針を定めることが戦略計画の中身である。企業の進路や基本的枠組みが定まるという意味において，組織全体に重要な影響を与えるので，戦略計画は経営管理階層の最上位にあるトップ・マネジメントによって決定される。

次に，**マネジメント・コントロール**とは，戦略計画で定められた組織目的が達成できるように，下位の管理者が資源を有効かつ能率的に取得・使用することを上位の管理者が確保するプロセスである。つまり，戦略計画で定められた基本的な枠組みの下で，生産・販売・購買，財務などの経常的な業務を対象として展開される管理活動が**マネジメント・コントロール**の中身である。第6章で取り上げる**予算システム**はその具体的な手段であり，事業部長や工場長などのミドル・マネジメントがその責任者になる。

マネジメント・コントロールがミドルを対象とする間接的な管理プロセスであるのに対し，**オペレーショナル・コントロール**は，個々の業務や取引を対象にして，特定の課業や作業が能率的に遂行されることを確保するプロセスである。生産管理，在庫管理，日程管理などのいわゆる現場管理がその中身であり，職長，係長，主任などのロワー・マネジメントがその責任者になる。

管理会計の役割は，これらのプロセスで展開される一連の経営管理活動に計量的な情報を提供することにある。経営管理組織の各単位は，上位目標と下位目標の連鎖のなかで相互に結びついているので，各単位の意思決定が担当者の個人的な直観やローカルな情報のみに基づいて行われるとすれば，相互に矛盾が生まれ，指示・命令系統に混乱が生じるの

図表1.2　組織の概念図

は必定であろう。会計は，異なる時点に異なる場所で行われるさまざまな行動の結果を「金額」という共通尺度で測定・集約し，見積財務諸表という会計スクリーンにその全体像を映し出す。各組織単位の行動をこの会計スクリーンに投影し，写し出された映像，すなわち，利益やキャッシュフローの動きを見ながら相互に調整することによって，経営管理プロセスの全体に数理的な整合性を与えることができるのである。

　会計によるこのような管理機能を有効に発揮させるには，この役割を担当する財務部門に一定の権威（組織上の地位）が与えられなければならない。**最高財務責任者**（CFO：Chief Financial Officer）を長とするスタッフ部門がそれであり，コントローラー部門が管理会計の実践主体となる。ときに，企画部，社長室といった名称が使われることもある。図表1.2は，組織におけるその位置付けを表したものである。

5.　意思決定プロセス

　分業による専門化を追求するために[9]，経営管理プロセスでは，目的・手段関係に従って，組織の上位目標を下位目標に分解し，下位目標をそれぞれの部分組織に割当て，専門的にそれを実現する体制が整えられる。上位の管理者には，財務目標などのより統合度の高い目標や抽象度の高

9　分業体制には，大きく分けて職能的分業と連邦型分業がある。前者は，製造，販売，研究開発などの部門に分ける職能別組織であり，後者は製品別，地域別などの事業部制組織である。

い目標が割当てられ，下位の管理者には，より具体的で操作性の高い目標が割当てられる。納期の短縮，在庫の削減，不良率や返品率の引下げなどがその例である。いずれの階層においても，現状のままでは割当てられた目標を達成できないのが通例であるから，ギャップを埋めるための手段が講じられなければばらない。それが意思決定のプロセスである。

　意思決定のプロセスは，図表1.3に描かれるように，一般に，段階的・循環的な活動として理解される。現状にどのような問題が潜んでいるかを分析し，改善すべき点を認識することが意思決定の出発点となる。問題解決の代替案がいくつか探求されると，各代替案の優劣を比較評価して，最良と思われる案を選択する。しかし，意思決定のプロセスはその段階で終了するわけではない。選択した代替案（計画）を実行する段階に入ると，定期的に実績が測定される。その都度，目標の達成度（すなわち，計画の進行状況）が明らかになるから，その状況に応じて，実行プロセスを修正するか（第5段階へのフィードバック），計画そのものを修正するか（第2段階へのフィードバック）を判断する。後者の場合には，再度，選択の必要が生じる。目標が達成されるまで，この一連のプロセスが繰返されるのである。

図表1.3　意思決定のプロセス

（1）目的の明確化（問題点の発見・認識）
（2）問題を解決する代替案の探索
（3）代替案についてのデータの収集・評価
（4）最良の代替案の選択
（5）実行
（6）実行結果の測定・計画との比較
（7）計画からの乖離に対する反応

6.　管理会計の体系

　経営管理機能という観点から眺めると，図表1.3の（1）～（4）が計画設定（planning）プロセス，（6）（7）が統制（control）プロセスになる[10]。管理会計が貢献するのは2つのプロセスに大別される。1つは，代替案の経済的効果を計量的に測定・評価する第3段階であり，もう1つは，会計のルールに従って実績を測定し，計画と比較する第6段階と，その結果に応じて実行段階と代替案の探索段階にフィードバックする第7段階である。この視点からすると，管理会計は**計画会計**と**統制会計**に体系化することができる。しかしながら，情報の提供目的に応じて，管理会計を**意思決定会計**と**業績管理会計**に体系化するのが現在の支配的な考え方である。

　ここで，**意思決定会計**は，企業が直面する個別的な意思決定問題（これを個別計画という）に有用な情報を提供することを目的とする会計領域である。**個別計画**（project planning）は，解決を要する何らかの問題に直面したときに企業がとるべき将来の行動コースを決定するために代替案を分析・評価するプロセスと定義され，その内容は多様である。例えば，新事業や新市場に進出するかどうか，工場を海外に移転するかどうか，既存事業を撤退するかどうか，合理化投資を行うかどうか，といった非経常的な（1回限りの）問題もあれば，価格決定，注文の諾否，といった経常的な業務活動に関する問題もある。前者は，既存の経営構造の変革・変更を伴うので**個別構造計画**と呼ばれるのに対して，後者は日常的な業務執行に関連するので**個別業務計画**と呼ばれる[11]。個別構造計画では長期にまたがる問題が扱われるので，第7章で述べるように，

10　経営管理プロセスは，plan（（1）～（4）），do（5），check（6），action（7）というPDCAサイクルで捉えられる。
11　意思決定会計の対象領域を戦略計画とオペレーショナル・コントロールの決定問題と捉えるならば，業績管理会計はマネジメント・コントロールの計画と統制が対象領域になる。

時間価値とリスクを考慮に入れた将来キャッシュフローの現在価値が有用な概念となる。一方，個別業務計画では年度を区切りとする短期の問題が扱われるので，収益や費用という会計測定の対象となる概念だけでなく，第5章で述べる**機会原価**が有用な概念となる。

いずれの意思決定も将来の出来事に関連しているので，必要とされる情報は過去ではなく未来に関連するものでなければならない。したがって，会計情報も，常時継続的な会計システムからではなく，問題が発生する都度，必要に応じて行われる**特殊原価調査**（special cost study）に基づいて入手される。ただし，過去情報は将来を予測する能力がある限りにおいて有用であるから，会計システムから入手される過去情報は意味がないというわけでは決してない。

以上が意思決定会計に関する概略説明であるが，間違いのない意思決定によって最適な行動を選択できれば，経営の課題が万事片付くというわけではない。どんなに優れた代替案が探求できたとしても，それを実行しなければ絵に書いた餅に終わるのは自明である。とくに第6章で述べるように，経営管理組織では，決定する人と実行する人が違うので，上位者が行った決定を下位者に実行させる仕組みが必要となる。そのために，各管理者を実行責任者に定め，期間計画で定めた年度目標を割当て，達成責任を負わせて，その実現を確保するという人的管理方式がとられる。ここで敢えて「人的」と表現するのは，この管理方式が責任感とかモチベーション（意欲）といった人間的な要素に訴えようとする特徴によるものである。なお，**期間計画**（period planning）とは，個別計画で定められた構造のもとで，企業全体や各責任単位の一定期間にわたる業務全体の活動量を計画することをいう。月次予算，年次予算，長期利益計画などがその代表例であり，そこで定められる目標値が業績の評価基準となる。

図表1.4　管理会計の概念図

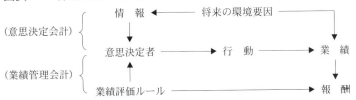

次に，**業績管理会計**は，企業目的に適合する行動がとられるように，業績評価を通じて経営管理者を動機づけるために，業績管理に必要な情報を提供することを目的とする会計領域である。それらに必要な情報は，意思決定会計の場合と異なり，会計年度を単位とする費用，収益，キャッシュフローが中心となるので，常時継続的な会計システムから入手される。業績とそれに対する評価（報酬）の関係を通じて管理者のインセンティブが変われば，行動の選択様式が変化し，その結果として，組織の業績が変化すると考えられる。管理者を対象にして，このような因果連鎖に働きかけることが業績管理会計の課題である。

　図表1.4はこれまでの説明を要約した管理会計の概念図を示している。上段は，将来の不確実な環境要因に関する予測情報の提供を通じて意思決定者を支援することを目的とする意思決定会計の領域に該当する。下段は，行動と環境要因の結合結果として生じる**業績**（performance）を意思決定者個人の報酬に結びつける業績評価ルールの提示を通じて，意思決定者の行動選択に影響を与えることを目的とする業績管理会計の領域に該当する。

7.　会計情報基準

　会計情報は，利用者にとって有用でなければならないことは言うまでもない。有用であるためには，いかなる特性を備えるべきであろうか。

24

この問題意識に立って,アメリカ会計学会は1966年に『基礎的会計理論』（A Statement of Basic Accounting Theory）と呼ばれる画期的な意見書を表明している。それによれば,会計情報が有用であるためには次の4つの基準を満たさなければならないとしている。

（1）**目的適合性**：会計情報は意思決定者が意図する活動,または生じると期待される結果と関連をもつか,それらと有効に結びついていなければならない。

（2）**検証可能性**：2人以上の適格者が同じ資料を調べた場合,本質的に類似する数値,または結論が得られなければならない。

（3）**不偏性**：会計情報は特定の意思決定者を利するような偏向のあるものであってはならず,事実を偏らずに明らかにし,報告しなければならない。

（4）**量的表現可能性**：会計情報は貨幣数値を始めとする計量的尺度で表されなければならない。

　以上の4基準は,会計情報一般が備えるべき望ましい特性を述べたものであるが,それぞれの相対的重要性（ないし遵守すべき程度）は,情報の利用目的に応じて異なる。財務会計情報に対しては,従来,検証可能性や不偏性基準が重視されてきたが,管理会計情報には,それらよりも遥かに目的適合性が重視される。なぜならば,利用目的に適合しないような情報は,他の基準をいかに満足していたとしても,無駄であるだけでなく有害でさえあるからである[12]。したがって,管理会計では,他の基準を若干犠牲にしてでも,目的適合性が追求されると言ってよい。例えば,特定の将来事象が生起するか否かを予測する情報が必要とされる場合,それに関連するものであれば,検証可能性や不偏性に欠けるデー

12　財務会計においても,投資家の意思決定を重視する立場から,目的適合性基準の重要性が近年著しく高まっている。

タであっても活用されるだろうし，非貨幣的な物量データの収集・分析
も積極的に行われるであろう。

　要するに，内部利用を目的とし，法的拘束力をもたない管理会計では，
単なる正確性や客観性よりも，意思決定目的への適合性が重視されるの
である。しかし，業績評価に用いる会計情報は，組織成員の報酬や昇進
に重大な影響を及ぼすので，財務会計情報と同様に，正確性や客観性が
要求される。したがって，検証可能性や不偏性基準が目的適合性の次に
重要となる。

8. 財務会計との対比

　管理会計と財務会計を対比すると，図表1.5のように要約される。財
務会計では，情報の利用者が不特定多数であるため，一般目的に適合す
る企業全体に関する情報が伝達対象となる。それに対して，管理会計の
場合には，利用者が特定されているので，特定目的に奉仕する詳細な情
報を伝達することが要請される。また，管理会計は，財務会計のように
「一般に認められた会計原則」に拘束されたり，法律や規則への準拠を
要求されない自発的な私的会計であるから，経営者や管理者にとって「有
用」であるか否かが第一義的に重要となる。また，管理会計では，貨幣

図表1.5　管理会計と財務会計の対比

	管理会計	財務会計
情報利用者	企業内部者	企業外部者
利用目的	意思決定と業績評価	意思決定と利害調整
法的規制	なし（自由）	あり（強制）
情報基準	目的適合性	準拠性
	迅速性	正確性
	未来志向	過去志向
情報の頻度	随時・頻繁	定期的
会計単位	セグメント・プロジェクト	企業全体・企業集団
測定尺度	貨幣尺度と非貨幣尺度	貨幣尺度

的測定だけでなく非貨幣的な物量数値も重視される。財務会計では，利益分配が目的とされるので，客観性や検証可能性が重視され過去情報が中心となるのに対して，管理会計では将来利益の獲得が目的となるので，過去情報とともに未来情報にも重点が置かれる。

　管理会計と財務会計との間にはこのような相違があるが，それぞれが別個に収集したデータを使用するわけではない。業績評価には会計システムから入手される実績情報が不可欠であるし，財務会計はそれらを集約した結果を外部に報告することになる。

　両者はこのように密接な関係にあるが，最後に，近年における財務会計基準の大きな変革が企業経営や管理会計に及ぼしている影響について触れておかなければならない。時価会計の導入，連結会計制度の充実，キャッシュフロー計算書の作成などを柱とするわが国の財務会計基準の国際標準化は，従来の財務会計に大きな変革をもたらしている。それらはいずれも株主価値を投資の判断基準とする世界市場における投資家の情報要求に応えることを意図したものである。その判断基準によって不適格と判断される企業は遠からず市場からの撤退を余儀なくされるという厳しい現実を直視するならば，それに適合する企業経営が要求されるのは当然であろう。財務会計から投げかけられるこのような要求にいかに応えていくかが管理会計の差し迫った課題と言えよう。

[**学習課題**]

1．財務会計の他に管理会計が必要とされるのはなぜか説明しなさい。
2．企業の目的を株主利益の追求とする理由について述べなさい。
3．身近なエイジェンシー問題をあげて，その原因と対策について述べなさい。
4．企業が「契約の束」と考えられるのはなぜか説明しなさい。
5．経営管理プロセスを構成する3つの要素について述べなさい。
6．意思決定会計と業績管理会計の違いについて説明しなさい。

2 原価の諸概念と原価計算の基礎

《**目標＆ポイント**》　はじめに原価の諸概念について学習する。目的に応じて
どの原価概念が使われるか整理しよう。次に原価計算の手法について学習す
る。制度原価計算である全部原価計算とそうではない直接原価計算について
その違いを理解しよう。
《**キーワード**》　形態別分類，原価の3要素，製品との関連による分類，原価
計算制度，個別原価計算，総合原価計算

1. 原価計算の目的と原価の諸概念

　原価を計算する目的は2つある。1つは，財務諸表の作成という**外部
報告目的**である。損益計算を行うには，売上原価や販売費および一般管
理費の発生額を把握しなければならないし，貸借対照表を作成するには
製品や仕掛品の評価額を把握しなければならない。会計システムはその
原価データを提供する。もう1つは，経営管理者への原価情報の提供と
いう**内部報告目的**である。企業が厳しい市場競争に勝ち残っていくには
絶えまなく原価の引下げに取り組まなければならないし，経営管理者が
現状を分析し，適切な意思決定を行うためにも，また，その結果の良し
悪しを評価するためにも原価データが必要となる。

　しかし，このように利用目的が異なると，1つの原価データですべて
の情報要求に応えるのは困難になる。そのため，「異なる目的には異な
る原価を」と言われるように，目的に応じて異なる概念が必要となる。
最初に，それらを包括する原価の一般概念を示しておこう。

　アメリカ会計学会の1955年度委員会は，原価を広く「有形・無形の経済財を取得し作り出すために，合目的的に放棄されたか，放棄されるであろう価値の測定額」と定義している。つまり，原価は価値の放棄額であって，特定の経済財を取得・生産するために実際に消費した価値，または，放棄した他の機会から獲得された価値の測定額である。一方，わが国における原価計算の実践規範である『原価計算基準』では，原価を「経営における一定の給付にかかわらせて，は握された財貨又は用役の消費を，貨幣価値的に表したものである」と定義している。つまり，製品やサービスなどのアウトプット（給付）を作り出すために消費した資源（インプット）の価値を金額的に評価したものを原価と認識するのである。

　これらの定義には，原価を何に基づいて測定するかに関して2つの考え方が含まれている。1つは**支出原価**（out of pocket cost）であり，もう1つは**機会原価**（opportunity cost）である。支出原価は，消費する資源の価値を現金支出額に基づいて測定するものである。『原価計算基準』はこの考え方に立っている。現金支出額は検証可能なデータであるから，利害調整を目的とする外部報告会計では，この概念が用いられる。損益計算は，投下資本の回収過程を明らかにするものであるから，費用は投下資本つまり支出原価に基づいて測定することが必要となるのである。一方，機会原価は，特定の目的に資源を使用することは代替的な用途への使用を放棄することを意味するから，特定目的に消費する資源の価値を，放棄した用途から得られると期待される最大価値（最大の逸失利益）に基づいて測定するものである。アメリカ会計学会の定義には，支出原価だけでなくこの概念が含まれている。資源をどの用途に配分するかの意思決定にあたっては，選択する代替案の価値が棄却する最良の代替案の価値を上回るかどうかが判断基準となるから，機会原価が意思

決定目的に有用な概念となる。支出原価は実行された行為を前提とする「現実」の数値であるのに対し，機会原価は実行されなかった行為を前提とする「仮定」の数値であるから，一般に検証可能ではない。ゆえに，機会原価は利害調整の目的には適さない。

原価はさまざまな視点から分類される。企業の活動を製造，販売，管理という3つの機能で捉えると，原価は，製造原価，販売費，一般管理費の3つに分類することができる。それ以外に次のような分類基準がある。

（1）形態別分類

原価の発生形態に従うと，製造原価は，材料費，労務費および経費の3つに分類される。**材料費**は，物品の消費から生じる原価であり，素材費，買入部品費，燃料費，工場消耗品費などに細分される。**労務費**は，労働用役の消費から生じる原価であり，賃金，給料，従業員賞与手当，退職給付費用，福利費などに細分される。**経費**は，材料費，労務費以外の原価であり，減価償却費，賃借料，電力料，特許料，外注加工賃などである。

形態別分類は，原価計算上もっとも基本的な原価の分類である。

（2）製品との関連に基づく分類

製品を生産するために直接的に消費されたかどうかにより，原価は直接費と間接費に分けられる。**直接費**は製品に，直接，負担させることができる（その手続きを**賦課**ないし**直課**という）のに対して，**間接費**は，複数の製品の生産に共通的に発生し，特定製品と1対1の関連がないために，何らかの基準に従って各製品に**配賦**する手続きをとる。形態別分類と組み合わせると，原価は6つのカテゴリー（直接材料費，直接労務

費，直接経費，間接材料費，間接労務費，間接経費）に分けられる。

（3）収益との対応関係による分類

　製品を製造するために発生した原価（製造原価）を製品単位に集計したものを**製品原価**という。一方，製品単位に集計できないために，一定期間の発生額をその期の収益に，直接，対応させて把握する原価を**期間原価**という。製品原価は，収益と個別的に対応させることができるので，販売された製品は**売上原価**になり，売れ残った製品は棚卸資産になる。それに対して，期間原価は，収益との個別的な対応関係がないため，1期間に発生した総額が費用として認識される。**販売費**や**一般管理費**がそれである。

2. 原価計算の種類と形態

　外部報告のために財務会計機構との有機的な結合のもとで常時継続的に行われる原価計算を**原価計算制度**という。原価計算制度には，実際原価計算，予定原価計算，全部原価計算があげられる[1]。また，制度の枠外で行われる直接原価計算がある。直接原価計算は第5章で紹介する。

　実際原価計算は，製品の製造・販売活動を行った後に実際原価を把握するために行う原価計算である。ここで，**実際原価**とは，原価要素の実際消費量に実際消費単価を乗じて求められる原価をいう。財務会計ではこの原価情報を必要とするために，実際原価計算は財務諸表作成目的には欠かせない。

　製造・販売活動に先だって行われるのが予定原価計算である。それに

1　原価計算制度に対して，財務会計機構とは無関係に，必要に応じ随時行う原価計算を**特殊原価調査**という。基本計画などに関する意思決定目的に原価情報を提供するために行われる分析がその例である。

は見積原価計算と標準原価計算がある。**見積原価計算**は，あらかじめ原価を見積もっておき，これに実際の生産数量を乗じて見積原価が算定される。これは将来発生する実際原価に関する予測値となるから，見積原価計算は主として価格決定目的に有用となる。一方，**標準原価計算**は，能率の良否を判定する尺度となる**標準原価**を設定し，これと事後的に算定される実際原価とを比較して，生産効率を評価する一方，差異の原因分析から明らかとなる是正措置を促す。このように，標準原価計算は原価管理に有用な情報を提供することを目的とする。

3. 原価計算制度による原価計算

（1）原価計算の手続き

　原価計算は，原則として①費目別計算，②部門別計算，③製品別計算という順序に従って行われる（図表2.1）。

図表2.1　原価計算の手続き

①**費目別計算**　製造活動で消費された財貨を種類別に分類して集計する第1次の原価計算手続きを費目別計算という。原価要素を，材料費，労務費，経費に区分する形態別分類を基礎にして，それらを直接費と間接費とに細分化する。

②**部門別計算**　費目別に把握された原価要素を発生場所や機能別に分類して集計する手続きを部門別計算という。原価を発生させた場所が明らかになるので，場所別の原価管理に有用な情報が得られる。とりわけ，製造間接費の製品への配賦計算の正確性を高めることができる。

③**製品別計算** 原価要素を製品ごとに集計して製品原価と1単位当たりの製造原価を算定する手続きを製品別計算という。製品別計算には，受注生産に適用される個別原価計算と見込み生産に適用される総合原価計算とがある。

（2）個別原価計算

　個別原価計算は，種類や規格の異なる製品を個別に生産する受注生産型の生産形態に適用される。その典型的な業種としては，造船業，航空機産業，建設業，工作機械製造業，印刷業などがあげられる。

　個別原価計算では，受注製品の生産命令書である製造指図書が発行され，これが重要な役割を果たす。なぜなら，個々の注文（製品）は製造指図書につけられた番号によって区別され，指図書ごとに製品原価が集計されるからである。直接材料費や直接労務費などの直接費は，製造指図書番号ごとに容易に集計することができるが，製造間接費についてはそれを製品別に配賦する手続きが必要となる。

●個別原価計算の計算手順
①受注製品に対する製造指図書の発行

　顧客からの注文を受け入れ，その製品の**製造指図書**（図表2.2）を発行することによって製造活動が開始される。なお，個別原価計算における製造指図書は，特定製品の生産に対して個別的に発行されるため，特定製造指図書とも呼ばれる。

②製造直接費の個別原価計算表への記入

　直接材料費や直接労務費，直接経費といった製造直接費は，製造指図書番号別に各個別原価計算表（図表2.3）に集計される。この手続きを賦課または直課という。

③製造間接費の個別原価計算表への記入

図表2.2　製造指図書

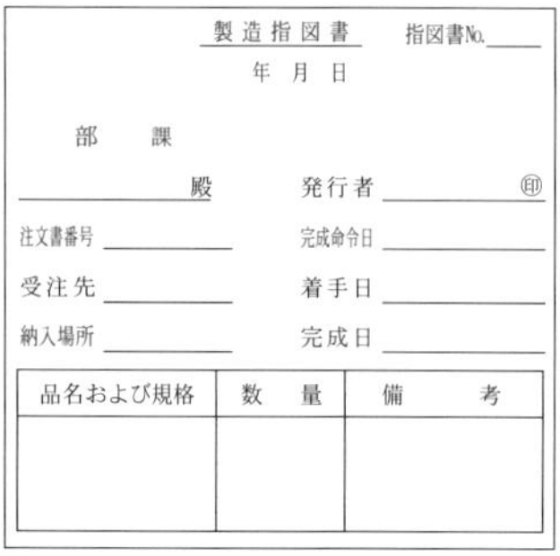

製造指図書　指図書No.
年　月　日
部　課
殿　発行者　㊞
注文書番号　完成命令日
受注先　着手日
納入場所　完成日

品名および規格	数　量	備　　考

図表2.3　原価計算表

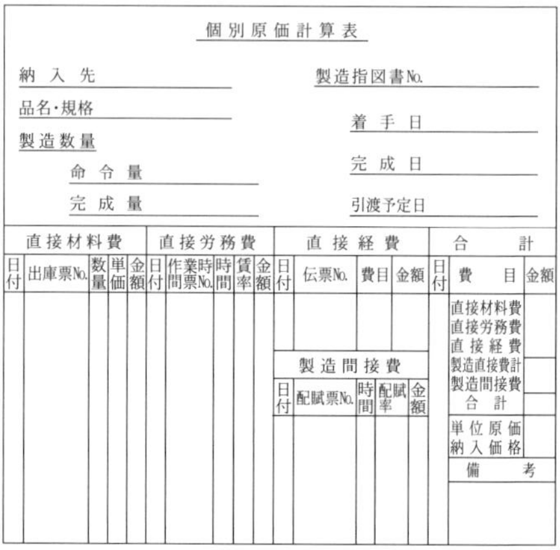

個別原価計算表
納入先　製造指図書No.
品名・規格　着手日
製造数量　完成日
命令量
完成量　引渡予定日

直接材料費：日付｜出庫票No.｜数量｜単価｜金額
直接労務費：日付｜作業時間票No.｜時間｜賃率｜金額
直接経費：日付｜伝票No.｜費目｜金額
製造間接費：日付｜配賦票No.｜時間｜配賦率｜金額
合計：日付｜費目｜金額
直接材料費
直接労務費
直接経費
製造直接費計
製造間接費
合計
単位原価
納入価格
備考

間接材料費や間接労務費，間接経費といった**製造間接費**は各種の製品の製造に共通して発生する原価要素なので，これをいったん製造間接費勘定に集計し，配賦基準に基づいた製造間接費配賦率によって各製造指図書の製品別に配賦し，その結果を原価計算表に記入する（図表2.4）。

個別原価計算は，原価の部門別計算を行うか否かによって，部門別個別原価計算と単純個別原価計算とに区分される。**単純個別原価計算**は，費目別計算から直ちに製品別計算を行うものであり，計算の簡便性から，小規模企業などでよく用いられる。一方，**部門別個別原価計算**は，正確な製品原価の計算と原価管理の目的から，費目別計算→部門別計算→製品別計算の順で行われ，通常，部門別計算では製造間接費のみ計算される。

④製造原価および仕掛品原価の算定

製品の製造が完了すると，当該製品の原価計算表を締め切り，**製造原価**を算出する。また，月末までに製造が完了していない指図書の原価計算表の集計額は，**仕掛品原価**として次月に繰越される。

図表2.4 個別原価計算の手続き

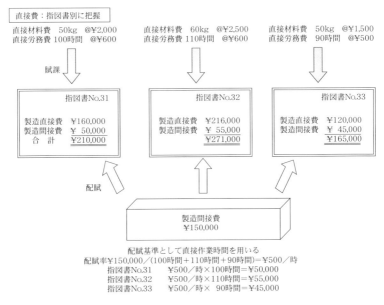

（3）総合原価計算

　総合原価計算は，同じ規格の製品を大量に生産し，これを市場で販売する市場型（見込み生産型）の生産形態に適用される原価計算である。その基本的な計算方法は，1原価計算期間（通常は1ヶ月）における完成品の総合原価（製造原価合計）を算定し，これをその期間の完成品数量で割って，1単位当たりの製品原価を求めるというやり方である。例えば，ある期間の製造原価合計が¥700,000で，同期間の製品生産量が100単位であるとすると，その製品の単位原価は¥700,000÷100＝¥7,000と計算される。

　総合原価計算は量産される製品の種類から，単純総合原価計算，等級別総合原価計算，組別総合原価計算に分けられる。単純総合原価計算は，

単一製品を反復連続的に生産する生産形態に適用される。等級別総合原価計算は，同一工程において，同種製品を連続生産するが，その製品の形状，大きさ，品位等によって等級に区分される場合に適用される。組別総合原価計算は，異種製品を組別に連続生産する場合に適用される。

　総合原価計算は，製造工程が１つであるか複数であるかによって単一工程総合原価計算（単に総合原価計算と呼ばれることが多い）と工程別総合原価計算とに分けられる。工程別総合原価計算は，個別原価計算における部門別計算に相当するものである。

●総合原価計算の計算手順

　総合原価計算における単位原価は，前述のように「製造原価合計÷完成品数量」で計算されるというのが基本的な考え方である。しかし，期末には完成品と仕掛品（製造途中のもの）が存在するのが通例である。つまり，製造原価合計を完成品と仕掛品とで負担することになる。そのため，仕掛品数量を完成品数量に換算しなくてはならない。

　また，期首に仕掛品が存在する場合，この期首仕掛品が完成品になる原価の流れを決めなくてはならない。その方法には「平均法」「先入先出法」「後入先出法」があり，いずれの方法を採用するかによって異なる製品原価が算定される。しかし，いずれの方法を採るにせよ，進捗度（加工の進み具合）と完成品換算量の考え方は共通している。例えば，平均法による期末仕掛品原価は次のように求められる。

$$期末仕掛品原価＝\frac{期首仕掛品原価＋当期製造費用}{完成品数量＋期末仕掛品換算量}×期末仕掛品換算量$$

　総合原価計算では，製品１単位当たりの製造原価を計算するために，１期間における完成品量と期末仕掛品の完成品換算量とを合計し，これを公分母として，期末仕掛品の完成品換算量当たりの原価を計算し，

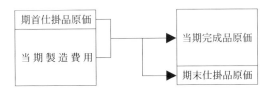

図表2.5　平均法

これを期首仕掛品原価と当期製造費用の合計から控除するのである。

　　期首仕掛品原価＋当期製造費用－期末仕掛品原価＝完成品総合原価

図表2.6　仕掛品勘定

仕　掛　品

期首仕掛品原価	完成品総合原価
当期製造費用	
	期末仕掛品原価

インプット（投入）　　　　アウトプット（産出）

　仕損（有形の損失分）と**減損**（無形の損失分）が共にない場合には，製造工程の投入（インプット）側と産出（アウトプット）側とでは次の式が成立する。

　　期首仕掛品数量＋当期投入数量＝完成品数量＋期末仕掛品数量

　進捗度を加味すると数量関係は次のようになる。

　　期首仕掛品完成品換算量（期首仕掛品×進捗度）

　　＋当月着手完成品換算量

　　＝完成品量＋期末仕掛品完成品換算量（期末仕掛品×進捗度）

　ここで，進捗度とは，仕掛品の原価投入の観点からの完成度を表す。**加工費**（直接労務費＋製造間接費）を算定するのに進捗度が用いられるのに対し，**原料費**については，原材料を工程の始点で投入してあとは加

38

図表2.7 仕掛品の数量関係

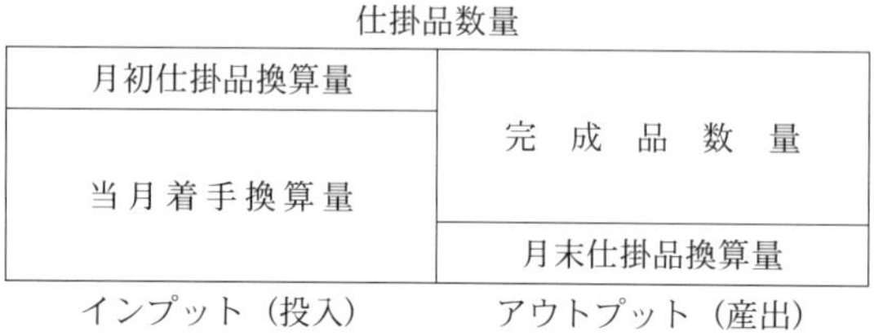

仕掛品数量

月初仕掛品換算量	完 成 品 数 量
当 月 着 手 換 算 量	
	月末仕掛品換算量

インプット（投入）　　　アウトプット（産出）

工するのみという工場にあっては期首に100%投入と考えるので進捗度は加味しない。したがって，期末仕掛品の進捗度は原価要素別（加工費・原料費）に異なる場合が一般的であるので，要素別に区別して原価を計算することになる。

【例　題】　次の＜資料＞に基づいて平均法により月末仕掛品原価と当月完成品原価を求めなさい。

＜資　料＞

数量データ			原価データ		
月初仕掛品数量	150kg	(0.6)	月初仕掛品原価		
当月生産数量	1,050		原 料 費	¥80,000	
合　計	1,200		加 工 費	¥64,000	
月末仕掛品数量	200	(0.4)	当月製造費用		
完成品数量	1,000kg		原 料 費	¥700,000	
			加 工 費	¥800,000	

　ただし，原料は工程の始点ですべて投入され，月末仕掛品の進捗度は40%である。

（解　答）

　　月末仕掛品原価　¥194,000

　　当月完成品原価　¥1,450,000

（解　説）

月末仕掛品の原料費 ＝（¥80,000 ＋ ¥700,000）／（1,000kg ＋ 200kg）
　　　　　　　　　 × 200kg ＝ ¥130,000

月末仕掛品の加工費 ＝（¥64,000 ＋ ¥800,000）／（1,000kg ＋ 200kg × 0.4）
　　　　　　　　　 × 200kg × 0.4 ＝ ¥64,000

よって，月末仕掛品原価 ¥194,000

当月完成品原価 ＝ ¥80,000 ＋ ¥64,000 ＋ ¥700,000 ＋ ¥800,000
　　　　　　　　 － ¥194,000 ＝ ¥1,450,000

[第2章　練習問題]

次の資料にもとづいて，今月の原価計算表を完成させなさい。

1．材料費

直接費：月初有高　500,000円

（製品X：100,000円，製品Y：150,000円，製品Z：250,000円）

当月仕入高　製品X：700,000円，製品Y：950,000円，

製品Z：1,250,000円

月末有高　300,000円

（製品X：50,000円，製品Y：100,000円，製品Z：150,000円）

間接費：922,000円

2．労務費

直接工賃金：賃率800円

（直接作業時間：製品X：200時間，製品Y：340時間，製品Z：430時間）

間接工賃金：前月未払額50,000円，当月支払額1,200,000円，

40

当月未払額20,000円

3．経　費

　　外注加工賃：Z：支払高¥128,000　当月未払高¥64,000
　　　　　　　　　　当月前払高¥36,000

　　水道光熱費：当月支払高（2か月分）800,000円，
　　　　　　　　　当月測定高450,000円

　　減価償却費：年間3,600,000円

　　保　険　料：年間　480,000円

　　賃　借　料：半年　168,000円

※　製造間接費は直接作業時間で配賦すること。

原　価　計　算　表　　　（単位：円）

	X	Y	Z
直接材料費			
直接労務費			
直 接 経 費			
製造間接費			
製造原価合計			

3 | 原価の測定と原価情報の活用（1）
―標準原価計算―

《**目標＆ポイント**》 標準原価計算の手続きについて理解しよう。標準原価の定義，計算方法について習得する。また，各種の差異計算および分析が出来るようにしよう。

《**キーワード**》 標準原価，原価標準，許容標準原価，直接材料費差異，数量差異，価格差異，直接労務費差異，作業時間差異，賃率差異，製造間接費差異，固定予算，変動予算，予算差異，操業度差異，能率差異

1．標準原価計算の意義

　標準原価計算は，材料・賃金・製造間接費について，価格・賃率・配賦率だけでなく，消費量・直接作業時間・操業度にも標準を設定して製品の標準原価を算定し，実際原価と比較して，原価差異を分析しようとする原価計算の方法である。

　実際原価計算においても，計算の迅速性や簡便性，季節変動の除去といった目的で，材料については予定価格，賃金については予定賃率，製造間接費については予定配賦率を用いて計算するが，消費量は実際消費量を使用する。これに対し，標準原価計算では，消費価格，消費数量ともに標準（予定）の数値を使って消費額を計算する。そのため，原価差異分析のところで明らかになるように，**作業能率**を反映させることができる。また，標準原価の設定にあたっては，統計的・科学的な方法が採用されることも特徴である。

2. 標準原価計算の目的

　『原価計算基準』は標準原価計算の目的として，原価管理目的，財務諸表作成目的，予算編成目的，記帳の簡略化と迅速化の4つをあげている。これらの目的は「財務諸表作成目的」という財務会計上の目的と「経営管理目的」という管理会計上の目的に大別することができる。

（1）財務諸表作成目的

（a）　製品原価の算定

　仕掛品，製品等の棚卸資産価額および売上原価の算定の基礎となるあるべき原価として標準原価を算定する。ここで，あるべき原価とは，異常事態や回避可能な不能率に起因する損失や浪費を除いて算定される原価である。

（b）　記帳の簡略化・迅速化

　標準原価を勘定組織の中に組み入れることによって，記帳を簡略化し，迅速化することが可能になる。標準原価の組み入れによって，以降の記録が簡便な数量記録だけで足り，見積原価計算と同様に実際価格や実際消費量の確定を待たずに製品原価を算定することができる。

（2）経営管理目的

（c）　効果的な原価管理の遂行

　原価管理を効果的にするために原価の標準として標準原価を設定する。『原価計算基準』はこれを最も重要な目的としている。

（d）　予算編成

　予算，特に見積財務諸表の作成に信頼しうる基礎を提供するために標準原価を算定する。科学的・客観的に設定された標準原価は，製造費用予算や損益計算を構成する売上原価予算を合理的に編成する基礎とな

る。

(e)　価格設定

　価格設定の基礎となる標準原価を算定する。特に受注生産企業におけ
る受注価格の決定にあたって，科学的・統計的調査によって標準製品原
価を算定し，これに通常生じる不能率差異を加味してより合理的で信頼
性の高い原価資料を提供することを目的とする。

(f)　その他の計画設定

　その他の個別計画の設定の基礎となる標準原価を算定する。予算編成
にも関連する製品組み合わせの決定，部品の自製・外注の決定等の個別
的選択事項や製品，生産設備など経営構造に関する基本的事項について
の意思決定に必要な原価資料を提供することを目的としている。

3.　標準原価計算の手続き

　標準原価計算の手続きは以下のように行われる。

　①　原価標準の設定
　②　実際原価の計算
　③　許容標準原価の計算
　④　原価差異の算定と分析
　⑤　原価報告
　⑥　原価差異の処理

①　原価標準の設定

　まず，製品 1 単位当たりの標準原価を設定する。これを**原価標準**とい
う。この場合，図表3.1のように，直接材料費，直接労務費，製造間接
費といった原価要素別に標準が設定され，それらを集計したものが原価
標準となる。原価標準の内訳を示したものは標準原価カードと呼ばれる。

図表3.1　原価標準

$$
原価標準 \begin{cases} 標準直接材料費＝標　準　消　費　量×標　準　価　格 \\ 標準直接労務費＝標準直接作業時間×標　準　賃　率 \\ 標準製造間接費＝標　準　操　業　度×標準配賦率 \end{cases}
$$

　なお，原価標準の設定にあたっては，現場管理者も加えて統計的・科学的・客観的な見地から標準を設定することが重要である。

② 　実際原価の計算

　全部原価計算の手続きによって実際原価を算定する。

③ 　許容標準原価の計算

　製品の実際生産量が把握されたら，それを原価標準に掛けて，標準原価を算定する。これは実際の生産活動によって生じるべき標準原価であり，**許容標準原価**と呼ばれる。許容標準原価の算定によって，不能率が金額で測定される。

④ 　原価差異の算定と分析

　②の実際原価と③の許容標準原価とを比較し，原価差異を把握する。実際原価が標準原価を下回る場合は**有利差異**（プラスの差異）と呼び，実際原価が標準原価を上回る場合は**不利差異**（マイナスの差異）と呼ぶ。

　さらにこの差異を分解し詳細に分析する。具体的な手続きについては，本章の後半で解説する。

⑤ 　原価報告

　差異分析の結果を関連のある各経営管理者に報告する。これによって経営管理者は業績評価を行い，必要があれば標準の見直しを行う。

⑥ 　原価差異の処理

　原価差異は年度末に適正に処理されなくてはならない。処理方法としては，売上原価に加減する方法，営業外損益とする方法，売上原価と棚卸資産に配分する方法がある。

4. 標準原価の分類

　標準原価は，その厳格度によって理想標準原価，現実的標準原価，正常標準原価の3つに分類される。

（1）理想標準原価

　技術的に達成可能な操業度の下で，最高能率を表す最低の原価をいう。財・サービスを最も有利に購入する場合の理想価格標準と減損，仕損，遊休時間等の余裕を許容しない理想能率標準とによって求められる標準原価である。現実には実現不可能な標準原価であり，原価管理には適さないが，目標設定の資料として有効である。

（2）現実的標準原価

　通常生じると認められる程度の減損，仕損，遊休時間等の余裕を含む良好能率の下で達成が期待される原価である。短期において予想される予定価格標準，予定操業度とによって求められる標準原価である。これらの諸条件の変化にともなってしばしば改訂される。原価管理に最も適し，棚卸資産の算定や予算編成のためにも用いられる。

（3）正常標準原価

　経営における異常な状態を排除し，比較的長期にわたる過去の実績数値を統計的に平準化して将来の趨勢を加味した正常価格標準，正常能率標準，正常操業度にもとづいて計算される標準原価である。予測の対象期間中は改訂されないので，経済の安定している場合に，棚卸資産の算定に最も適し，原価管理の標準としても用いられる。

　標準原価の水準をどのように決定するかは，それによって関係者の業

績評価が左右されるので，きわめて行動科学的な問題をはらんでいると言える。企業側にとっては厳しい標準を設定し，それが実現されれば申し分のないところである。しかし，評価される側にとっては，余裕がなくなり，締めつけが厳しいと感じ，達成しようという気が薄れてしまう可能性が高まる。それに対して，あまりにも緩やかな標準では，達成が容易であるため，それによって現場側が恩恵を受けたとしても，企業の原価低減の目標に到達することが難しくなってしまう。要は，達成可能な幅のなかでどこに水準を定めるかということになるが，非効率を排除するように導き，かつ努力して達成することが可能な水準を探し出すことが必要となる。標準の決定プロセスに従業員を参加させ，相互に納得のいく数値を導き出すことが1つの解決策となるであろう。

5. 原価差異の算定と分析

　原価差異を算定し，分析する目的は，その結果を各階層の経営管理者に提供し，原価管理に役立てることにある。また，財務会計目的のためには，原価差異を適正に処理し，製品原価および損益を確定することにある。

　原価差異は，次の3つに大別される。

（1）直接材料費差異

（2）直接労務費差異

（3）製造間接費差異

　さらに，それぞれの差異は細かく分解され，原価管理のためのより詳細な情報を提供する。数値例でこれを確認してみよう。

① 原価標準の設定

　いま，ある製品の原価標準が次のように設定されたとする。

```
標準原価カード
              標準消費数量      標準単価
直接材料費      2 kg     ×   @1,000円  =   2,000円
              標準作業時間      標準賃率
直接労務費     20時間    ×   @600円    =  12,000円
              標準作業時間      標準配賦率
製造間接費     20時間    ×   500円／時  =  10,000円
                            原価標準      24,000円
```

　また，月300台の製品を生産すると仮定すると，月間の予算額は300台×24,000円＝7,200,000円となる。また月間の操業度（作業時間）は，300台×20時間＝6,000時間となる。

② 実際原価の計算

　上の状況のもとで，ある月の実際生産データと原価データが次のようであったとしよう。

```
生産データ                      原価データ
  月初仕掛品     60台（進捗度60%）  直接材料費    556,500円
  当 月 着 手    250             直接労務費  3,422,000円
  小      計    310             製造間接費  3,300,000円
  月末仕掛品     10 （進捗度60%）              7,278,500円
  完 成 品      300台
```

なお，材料はすべて工程の始点で投入されている。

③ 許容標準原価の計算

　月の標準生産量は300台であるが，今月の生産データを見ると直接材料費ベースで250台，加工費（直接労務費＋製造間接費）ベースで270台[1]の生産である。標準と実際それぞれの生産台数が異なるので，この

1　実際生産量（当月生産換算量）は次の式によって算定される。
　実際生産量（当月生産換算量）＝完成品数量＋月末仕掛品完成品換算量
　　　　　　　　　　　　　　　　－月初仕掛品完成品換算量
　したがって，加工費については，300台＋6台－36台＝270台となる。

250台（270台）を許容して，この台数を生産する時の標準原価を計算する。これが許容標準原価である。

　　許容標準原価

　　　標準直接材料費　250台× 2 kg ×@1,000円＝　　500,000円

　　　標準直接労務費　270台×20時間×@600円＝　3,240,000円

　　　標準製造間接費　270台×20時間×@500円＝　2,700,000円

　　　　　　　　　　　　　　　　　　　　　　　6,440,000円

④　原価差異の算定と分析

　250台（270台）生産するには，6,440,000円の予算のところ，7,278,500円発生させてしまったことがわかる。

　したがって，原価差異は次のように計算される。

　　原価差異＝許容標準原価6,440,000円－実際原価7,278,500円

　　　　　　＝－838,500円

つまり838,500円の不利差異が発生したことがわかる。

　また，直接材料費，直接労務費，製造間接費のそれぞれについても差異が認識される。

　直接材料費差異＝許容標準直接材料費－実際直接材料費＝　－56,500円

　直接労務費差異＝許容標準直接労務費－実際直接労務費＝－182,000円

　製造間接費差異＝許容標準製造間接費－実際製造間接費＝－600,000円

　　　　　　　　　　　　　　　　　　　　　　　　　　－838,500円

　よって，原価差異＝直接材料費差異＋直接労務費差異＋製造間接費差異＝－838,500円となる。

　それでは，それぞれの差異について詳細に検討していくことにしよう。

（1）直接材料費差異

　直接材料費差異は，材料の種類別・部門別に標準と実際の差額として

計算された。

直接材料費差異＝標準直接材料費－実際直接材料費

　直接材料費差異は，さらに**価格差異**と**数量差異**に分解され，より詳細に差異原因が分析される。

直接材料費差異＝価格差異＋数量差異

※価格差異＝（標準価格－実際価格）×実際消費量

数量差異＝（標準消費数量－実際消費数量）×標準価格

この関係を図で示すと図表3.2のようになる。

図表3.2　価格差異と数量差異の図解

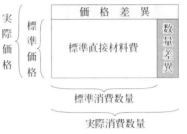

　先程の例において，実際直接材料費556,500円の内訳が，実際消費数量530kg×実際単価@1,050円であるとすると，価格差異，数量差異を計算すると，次のようになる。

　＜資料＞　標準消費数量　500kg（250台×2 kg）　標準価格　@1,000円
　　　　　　実際消費数量　530kg　　　　　　　　　　実際単価　@1,050円

価格差異＝530kg×（@1,000円－@1,050円）＝－26,500円（不利差異）

数量差異＝（500kg－530kg）×@1,000円　＝<u>－30,000円</u>（不利差異）

　　　　　　　　　　　　　　　　　　　　　　<u>－56,500円</u>

価格差異と数量差異を合計すると，直接材料費差異－56,500円に一致することを確認しよう。

（2）直接労務費差異

　直接労務費差異は，基本的な考え方は直接材料費差異と同じであり，部門別または作業の種類別に標準と実際の差額として計算される。

　　　　直接労務費差異＝標準直接労務費－実際直接労務費

　直接労務費差異は，さらに**賃率差異**と**作業時間差異**に分解され，より詳しく差異原因の分析が行われる。

　　　　直接労務費差異＝賃率差異＋作業時間差異

　　　※賃率差異＝（標準賃率－実際賃率）×実際作業時間

　　　　作業時間差異＝（標準作業時間－実際作業時間）×標準賃率

この関係を図で示すと図表3.3のようになる。

図表3.3　賃率差異と作業時間差異の図解

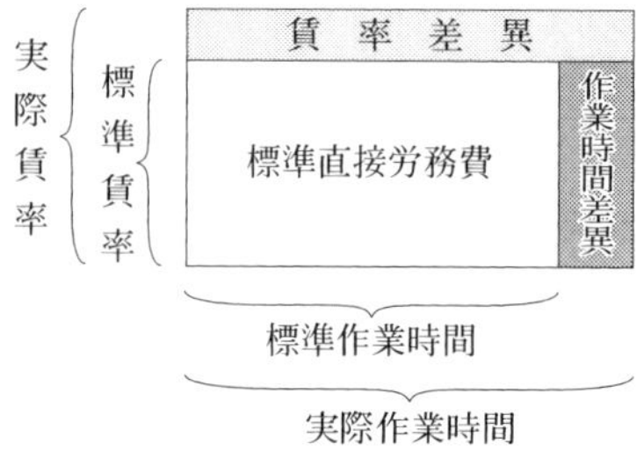

　先程の例において，実際直接労務費3,422,000円の内訳が，実際作業時間5,800時間×実際賃率@590円であったとするとき，賃率差異，作業時間差異を計算すると，次のようになる。

<資料>　　　　　標準作業時間　5,400時間（270台×20時間）

標準賃率　@600円

実際作業時間　5,800時間　　実際賃率　@590円

賃　率　差　異 ＝5,800時間×（@600円－@590円）　＝　＋58,000円

（有利差異）

作業時間差異＝（5,400時間－5,800時間）×@600円＝ <u>－240,000円</u>

（不利差異）

<u>－182,000円</u>

（3）製造間接費差異

　製造間接費差異は，製造間接費の標準配賦額と実際発生額の差額として求められる。

　　　　製造間接費差異＝製造間接費標準配賦額－製造間接費実際発生額

　直接材料費差異や直接労務費差異の分析が比較的簡単でわかりやすいのに対し，製造間接費差異の分析は複雑でわかりにくい面を有している。その理由として，製造間接費は，①さまざまな性格をもつ多くの原価要素から構成されている，②物量的基準にもとづかず金額のみで示される，③固定費的な性格をもつ費目が多い，といった点があげられる。

　製造間接費の差異分析を行う前に，分析の基準となる標準製造間接費の設定方法について学ばなくてはならない。これには固定予算と変動予算がある。

（a）　固定予算

　固定予算とは，操業度の変動によっても変更しない予算をいう。固定予算では，製造間接費差異を，予算差異，操業度差異，能率差異の3つに分解して分析を行う。

　　　　製造間接費差異＝製造間接費（許容）標準配賦額

$$- 製造間接費実際発生額$$
$$= 予算差異 + 操業度差異 + 能率差異$$
$$※ 予算差異 = 製造間接費固定予算額 - 実際発生額$$
$$操業度差異 = 標準配賦率 × 実際作業時間$$
$$- 製造間接費固定予算額$$
$$能率差異 = (許容標準作業時間 - 実際作業時間) × 標準配賦率$$

予算差異は予算額と実際発生額の差を表し，**操業度差異**は実際操業度と基準操業度の差から生じる配賦差異を表す。ここまでは，実際原価計算における製造間接費の予定配賦（固定予算）と同じであるが，標準原価計算ではさらに能率を測定する**能率差異**を算定する。能率差異は，実際の作業能率と標準作業能率の差から生じる配賦差異を表す。なお，許容標準作業時間とは，実際生産量を生産するのに許容される標準作業時間であり，計算上，1単位当たりの標準作業時間×実際生産量で求められる。

製造間接費差異の分解を，図解すると図表3.4になる。

図表3.4 製造間接費差異の分解

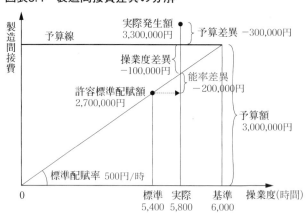

　先程の例で，固定予算を採用している場合，予算差異，操業度差異，能率差異を計算すると，次のようになる。

　＜資料＞　月間製造間接費予算額　3,000,000円

　　　　　　月間基準作業時間　　　　　6,000時間

> **標準原価カード**（製造間接費）
> 　標準配賦率　×　標準作業時間
> 　500円／時　×　20時間　＝　10,000円

　　　　　実際直接作業時間　　　　　　5,800時間

　　　　　製造間接費実際発生額　　　3,300,000円

　　　　　実際生産量（当月生産換算量）　270台

　許容標準作業時間：実際生産量×標準作業時間

　　　　　　　　　270台×20時間＝5,400時間

①製造間接費差異＝5,400時間×500円／時－3,300,000円

　　　　　　　　　　　　　　＝－600,000円（不利差異）

②予算差異＝3,000,000円－3,300,000円　　＝－300,000円（不利差異）

③操業度差異＝500円／時×5,800時間－3,000,000円

　　　　　　　　　　　　　　＝－100,000円（不利差異）

④能率差異＝(5,400時間－5,800時間)×500円／時

　　　　　　　　　　　　　　＝－200,000円（不利差異）

　　　　　　　　　　　　　　　－600,000円

（b）変動予算

　変動予算とは，操業度の変化に応じて変動する予算をいう。変動予算では，製造間接費は操業度との関連で，変動費と固定費に分解される[2]。したがって，変動予算における製造間接費予算額は，次の式で表せる。

　　　　製造間接費予算額＝固定費＋操業度当たり変動費×操業度

　この関係を図示すれば，図表3.5のようになる。

2　変動費と固定費の定義や態様については第5章を参照のこと。

54

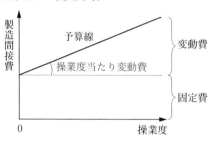

図表3.5　変動予算

次に，製造間接費差異の分析であるが，変動予算でも製造間接費差異は，原則として予算差異，操業度差異，能率差異に分解されるが，分類方法によって，最大で4つ，最小で2つの差異に分解される。ここでは，より詳細な四分法について解説する。

四分法の場合，製造間接費差異は，予算差異，変動費能率差異，固定費能率差異，操業度差異に分解される。

製造間接費差異＝予算差異＋変動費能率差異＋固定費能率差異
＋操業度差異

※予算差異＝実際時間に対する予算額－実際発生額

変動費能率差異＝（許容標準時間－実際時間）
×操業度当たり変動費

固定費能率差異＝（許容標準時間－実際時間）
×操業度当たり固定費

操業度差異＝（実際時間－基準時間）×操業度当たり固定費

ここで，操業度当たり固定費は，固定費の回収状況（生産能力の利用度）を知るのに使われる。また，標準配賦率＝操業度当たり変動費＋操業度当たり固定費である。

この4つの差異の計算構造を図示すると，図表3.6のようになる。

図表3.6　製造間接費差異の分解（四分法）

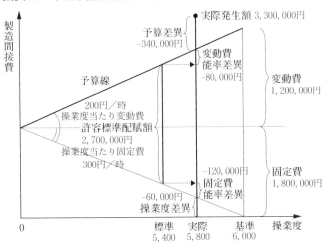

　先程の例で，変動予算を採用している場合，予算差異，操業度差異，能率差異を計算すると，次のようになる。ただし，標準配賦率は，操業度当たり変動費：200円／時，操業度当たり固定費：300円／時に分解される。

＜資料＞　月間製造間接費予算額　3,000,000円

　　　　　月間基準作業時間　　　　　6,000時間

> **標準原価カード**（製造間接費）
>
> 　標準配賦率　×　標準作業時間
>
> 　500円／時　×　　20時間　＝　10,000円
>
> （操業度当たり変動費：200円／時，
>
> 　操業度当たり固定費：300円／時）

実際直接作業時間　　　　　　　5,800時間

製造間接費実際発生額　　3,300,000円

実際生産量（当月生産換算量）270台

許容標準作業時間：実際生産量×標準作業時間

270台×20時間＝5,400時間

①製造間接費差異＝5,400時間×500円／時－3,300,000円

＝－600,000円（不利差異）

②予算差異＝（1,800,000円＋200円／時×5,800時間）－3,300,000円

＝－340,000円（不利差異）

③変動費能率差異＝（5,400時間－5,800時間）×200円／時

＝－80,000円（不利差異）

④固定費能率差異＝（5,400時間－5,800時間）×300円／時

＝－120,000円（不利差異）

⑤操業度差異＝（5,800時間－6,000時間）×300円／時

＝ －60,000円（不利差異）

－600,000円

[第3章　練習問題]

【第1問】

A工場はy製品を継続して生産しているが、当月から標準原価計算制度を採用することとなった。次の資料にもとづき、以下の問いに答えなさい。

＜資料＞

（1）y製品1台当たり原価標準

直接材料費	10トン＠12千円	120千円
直接労務費	15時間＠ 4千円	60千円
製造間接費配賦額	15時間＠ 8千円	120千円

<u>300千円</u>

（2）当月の製造に関するデータ

    a　月初仕掛品　　　　　　0台

       月末仕掛品　　　　　　4　（進捗度50%）

    b　当月製造開始数量　　104

       完成数量　　　　　　100

（3）当月の原価に関するデータ

    a　直接材料　　　　月初在庫　　10トン＠12千円

              買　　入　1,100トン＠12千円

              払　　出　1,060トン

              月末在庫　　50トン

  なお，直接材料は加工開始時に全部投入する。

    b　直接作業時間　1,560時間

       直接賃金実際支給高（未払いはない）　6,552千円

    c　製造間接費実際発生高　12,200千円

（問1）当月完成品（100台）の標準製造原価はいくらか。

（問2）月末仕掛品（4台）の標準製造原価はいくらか。

（問3）材料消費数量差異はいくらか。

（問4）作業時間差異はいくらか。

      また，賃率差異はいくらか。

（問5）製造間接費差異はいくらか。（予算，能率，操業度の各差異に分けるには及ばない）

【第2問】

　製品Zを製造するB工場では標準原価制度を採用し，原価管理に役立てるべく，原価要素別に標準原価差額の差異分析を行っている。以下の資料にもとづき，次の各問に答えなさい。

＜資料＞

1．製品Z標準原価カード

	標準消費数量		標準単価		
直接材料費	10kg	×	@240円	=	2,400円
	標準作業時間		標準賃率		
直接労務費	2時間	×	@1,500円	=	3,000円
	標準作業時間		標準配賦率		
製造間接費	2時間	×	@1,300円	=	2,600円
			原価標準		8,000円

2．製造間接費変動予算

　　操業度当たり変動費　600円／時　　　固定費（月額）2,100,000

3．当月の生産実績

月初仕掛品	300個	（加工進捗度50%）
当月着手	1,300	
合計	1,600	
月末仕掛品	100	（加工進捗度50%）
完成品	1,500個	

　　材料はすべて工程の始点で投入している。

4．当月直接材料実際発生額

　　@235円／kg×14,000kg＝3,290,000

5．当月実際作業時間　　2,900時間
6．当月製造間接費実際発生額　　3,850,000円

（問1）直接材料費差異はいくらか。
（問2）価格差異はいくらか。
（問3）数量差異はいくらか。
（問4）製造間接費差異はいくらか。
（問5）当工場では，製造間接費の差異分析は変動予算で四分法で行っ
　　　　ている。このとき，それぞれの差異はいくらになるか。

4 │ 原価の測定と原価情報の活用（2）
―活動基準原価計算と品質原価計算―

《**目標＆ポイント**》　活動基準原価計算（ABC）登場の背景について理解しよう。さらに，伝統的原価計算と活動基準原価計算の違いに留意しながら，活動基準原価計算の手続きを習得しよう。

《**キーワード**》　活動基準原価計算（ABC），伝統的原価計算，多品種少量生産，製造間接費，活動，コスト・ドライバー，活動原価率，活動基準経営管理（ABM），予防原価，評価原価，内部失敗原価，外部失敗原価

1．活動基準原価計算（ABC）の意義と目的

　活動基準原価計算（ABC：Activity Based Costing）は，1980年代後半にハーバード大学（Harvard University）のキャプラン（R.S.Kaplan）とクーパー（R.Cooper）によって提案された原価計算の方法である。

　第2章で紹介した個別原価計算や総合原価計算は財務諸表作成目的のために多くの企業に採用されている。しかし，製造プロセスの変化にともない，これら従来の原価計算システムが，原価計算の目的である単位当たり原価を正確に計算できなくなっているのではないかという疑問が活動基準原価計算考案の発端となっている。つまり，活動基準原価計算の目的はより正確な単位当たり原価の算定にある。なお，活動基準原価計算に対し，旧来の原価計算は**伝統的原価計算**と総称される。

　活動基準原価計算が伝統的原価計算と大きく異なる点は，製造間接費の計算方法である。伝統的原価計算では，製造間接費はまず補助部門や製造部門などの部門別に集計され，補助部門費を適当な配賦基準で製造

部門に配賦した後の製造部門費を予定配賦率を用いて製品に配賦する。このとき製造部門における製造間接費の配賦には直接作業時間が用いられることが一般的である。

　しかし，製造業の環境が変化したことによって，直接作業時間に比例させて製造間接費を製品に配賦する計算の方法が実体に合わなくなってきていると指摘されだした。例えば，次のような問題が指摘されている。

① **多品種少量生産の進展**

　消費者は「みんなが持っているものが欲しい」という要求と「自分だけのものがほしい」という要求を持っている。また，消費活動が成熟してくると「自分だけのものがほしい」という要求の割合が増えてくる。例えば，携帯電話を考えてみよう。携帯電話はその機能を果たせば，同一型・同一色でもよさそうなものであるが，非常に多くのバリエーションが展開されている。同じメーカーでも複数の型・色の携帯電話が製造されるのは，消費者の様々な需要に応えるためである。

　こうした多品種少量生産の進展は，製品の設計費や専用加工機械や金型など製品専用設備の減価償却費や管理費など，製品種類に帰属する固定費の増加をもたらした。これらを直接作業時間によって製品に配賦すると，生産量の多い（少ない）製品の原価は過大（過少）に計算されてしまう。

② **単品種中心の連続生産から多品種少量生産のバッチ生産への移行**

　バッチ生産への移行によって，工程の段取り，工作機械の検査，工具の取替えなどの補助作業と直接作業時間との比例関係が薄くなってきた。バッチサイズ（1 回の生産量）が多い場合には，これらの補助作業の費用を製品 1 個当たりに計算すると少額になるが，バッチサイズが小さい場合には多額になる。直接作業時間に比例させた配賦ではこのような差は出ない。

62

③　取扱部品点数の増加

　部品点数の増加は，部品関連の間接費（部品発注費，受入検査費，在庫管理費，工場内物流費など）を増加させる。これらの部品関連間接費を直接作業時間を基準に製品に配賦することは好ましくない。

　以上のような理由から，ABCでは製造間接費を部門別に集計することをやめ，製造間接費を集計する単位として**活動**という概念を使う。ここで，活動とは同じ目的で行われる（あるいは同一の機能をもつ）一連の作業のことであり，一般に補助部門の業務や製造部門の間接業務はいくつかの活動に分割されるが，活動のなかには複数の部門にまたがって実行されるものもある。

2.　活動基準原価計算の手続き

　伝統的な原価計算における製造間接費の計算方法とABCの計算方法を対比するために数値例を用いて説明しよう。

　いま，製造業を営むある会社の製品別損益計算書が図表4.1のように要約されるとしよう。

　この会社は，A製品，B製品，C製品の3種類を生産している。C製品は最近，販売された高級品である。製造間接費は総製造原価の約8割を占めていて，その配賦は伝統的な原価計算に従って，直接作業時間を基準として配賦されている。現在，赤字であるので，売上総利益率（＝売上総利益／売上高）の高いC製品の生産および販売を増やすべきだと考えられる。これは正しい意思決定であろうか。

　活動基準原価計算によって，この会社の製品原価を計算してみよう。活動基準原価計算の手続きは，以下の2段階の手順に従って行われる。

図表4.1　製品別損益計算書

	A製品	B製品	C製品	合　　計
生産および販売単位	6,000個	5,000個	1,000個	12,000個
販売単価	￥1,000	￥1,000	￥1,500	
売上高	￥6,000,000	￥5,000,000	￥1,500,000	￥12,500,000
直接材料費	￥480,000	￥400,000	￥145,000	￥1,025,000
直接労務費	￥600,000	￥500,000	￥100,000	￥1,200,000
（直接作業時間）	9,800時間	8,000時間	2,200時間	20,000時間
製造間接費	￥4,238,500	￥3,460,000	￥951,500	￥8,650,000
総製造原価	￥5,318,500	￥4,360,000	￥1,196,500	￥10,875,000
売上総利益	￥681,500	￥640,000	￥303,500	￥1,625000
売上総利益率	11.4%	12.8%	20.2%	13.0%
販売費・一般管理費				￥2,000,000
営業利益（損失）				（￥375,000）

①　活動とコスト・ドライバーの設定

　活動基準原価計算では，肥大化した製造間接費に注目し，直接作業時間といった配賦基準ではなく，活動の消費量を経営資源の消費量に応じて配分する。したがって，生産におけるすべての活動を明確に区別し，各製品へどれだけの活動が投入されるかを識別する必要がある。

　活動を定義したら，活動別に製造間接費を集計する。このとき，原価を集計する単位をコスト・プール，コスト・プールに集計された製造間接費を製品に配賦するために使われる配賦基準を**コスト・ドライバー**と呼ぶ。

　コスト・ドライバーには活動量を表す数量を使うのが理想的であり，製品別に把握可能でなくてはならない。例えば，工程の準備活動のコスト・ドライバーとしては段取時間数（準備作業時間）が，工場内物流のコスト・ドライバーには消費部品数量が用いられる。

しかし，すべての活動に適切なコスト・ドライバーが設定できるわけではないので，細分化にあたってはコスト（労力や計算コスト）とベネフィット（原価の正確性）を考慮することが必要である。

活動基準原価計算で用いられる活動は，コスト・ドライバーの観点から4つの階層に分類され，図表4.2のようにまとめられる。

図表4.2　活動の階層

	定　義	具体的活動	コスト・ドライバー
(1) 生産単位レベルの活動	生産量の変化に比例して活動量が変化する活動	直接作業，材料に関連する費用	直接作業時間，材料消費量，機械運転時間
(2) バッチレベルの活動	バッチを行う毎に実行される活動	部品・材料の取揃，機械の準備，試作，検査等	準備時間，検査時間，製造指図書の枚数
(3) 製品維持活動	新たな種類の製品を導入したり，生産中止によって活動量が変化する活動	製品設計関連，在庫管理活動等	設計作業時間，設計図の枚数，使用部品種類
(4) 施設維持活動	工場の生産設備を維持するために必要であるが，製品種類や生産回数，生産量の増減とは連動しない活動	共用施設の維持活動，施設の減価償却費，安全管理活動等	一般には存在しないが，占有面積や生産に関わる従業員数を利用

②　活動原価率の算定

コスト・ドライバーを基準にして製造間接費を製品に配賦するためには，コスト・ドライバー単位当たりの活動原価（あるコスト・プールに集計された費用）をあらかじめ求めておく必要がある。これを**活動原価率**という。活動原価率には，通常，予算編成の段階で計算される予定活動原価率を使用する。

$$予定活動原価率 = \frac{活動原価の予算額}{提供可能なコスト・ドライバーの見積数量}$$

いま，調査によって，この会社の生産における活動が図表4.3のよう

に識別されたとしよう。

図表4.3　活動とその階層

活動	階層
機械の運転	生産単位レベル
生産計画・購買	バッチレベル
機械の準備	バッチレベル
製品維持活動	製品維持

　次に製造間接費の内訳と各活動の関係が図表4.4のように把握されたとする。

図表4.4　活動と製造間接費

	生産計画・購買	機械の準備	製品維持活動	機械の運転	合　計
間接労務費	50%	40%	10%		¥4,000,000
システム費	70%		20%	10%	¥2,500,000
減価償却費				100%	¥1,140,000
動力費				100%	¥900,000
維持費				100%	¥110,000
活動原価	¥3,750,000	¥1,600,000	¥900,000	¥2,400,000	¥8,650,000

　次に，製品に各活動を割当てるため，コスト・ドライバーを設定する（図表4.5）。

図表4.5　活動とコスト・ドライバー

	A製品	B製品	C製品	合　計
単位当たり機械時間	600	500	100	1,200時間
生産回数	2,000	1,700	1,300	5,000回
1回当たり段取時間	3.225	3	6.5	
総段取時間	6,450	5,100	8,450	20,000時間
製品数	1	1	1	3種類

　図表4.5の単位当たり機械時間は，各製品の販売単位数×0.1によって求められている。また，総段取時間は，生産回数×1回当たり段取時間で求められる。

　コスト・ドライバーが判明したので，活動原価率を算定すると，図表4.6のようになる。

図表4.6　活動原価率

	活動原価	コスト・ドライバー	活動原価率
生産計画・購買	¥3,750,000	5,000回	¥750／回
機械の準備	¥1,600,000	20,000時間	¥80／時間
製品維持活動	¥900,000	3種類	¥300,000
機械の運転	¥2,400,000	1,200時間	¥2,000／時間

　したがって，図表4.1は図表4.7のように書き換えられる。

図表4.7　製品別損益計算書

	A製品	B製品	C製品	合　計
生産および販売単位	6,000個	5,000個	1,000個	12,000個
販売単価	¥1,000	¥1,000	¥1,500	
売上高	¥6,000,000	¥5,000,000	¥1,500,000	¥12,500,000
直接材料費	¥480,000	¥400,000	¥145,000	¥1,025,000
直接労務費	¥600,000	¥500,000	¥100,000	¥1,200,000
総製造間接費	¥3,516,000	¥2,983,000	¥2,151,000	¥8,650,000
生産計画・購買	¥1,500,000	¥1,275,000	¥975,000	¥3,750,000
機械の準備	¥516,000	¥408,000	¥676,000	¥1,600,000
製品維持活動	¥300,000	¥300,000	¥300,000	¥900,000
機械の運転	¥1,200,000	¥1,000,000	¥200,000	¥2,400,000
総製造原価	¥4,596,000	¥3,883,000	¥2,396,000	¥10,875,000
売上総利益	¥1,404,000	¥1,117,000	（¥896,000）	¥1,625,000
売上総利益率	23.4%	22.3%	（59.7%）	13.0%
販売費・一般管理費				¥2,000,000
営業利益（損失）				（¥375,000）

活動基準原価計算の結果，伝統的原価計算とは大きく異なる結果が出た。伝統的原価計算では，Ｃ製品が一番収益性が高いと考えられたが，実際は最も低く，問題であることが発見された。

3. 活動基準経営管理（ABM）への展開

活動基準原価計算によって，活動に注目して，原価の発生源泉そのものにアプローチするという思想がクローズアップされると，単に製品原価情報の歪みを正すということよりも，それぞれの活動が顧客に対して価値付加的であるかという観点からビジネス・プロセスを見直すという経営管理的な側面が重要視されるようになってくる。

このように継続的な改善を実践するための情報源としてABCを位置づけることを**活動基準経営管理**（ABM：Activity Based Management）という。

例えば，前節の例におけるＣ製品を考えてみよう。Ｃ製品は不採算製品であるので製造を中止するかどうかがまず検討されなくてはならない。次に，このＣ製品が経営上重要な製品で，製造を続行すべきであるとの結論が出れば，非効率な活動やプロセスの見直しが図られるであろう。また，設備についても十分に利用しきれていないようであれば，それを可能にするように販売先に所定量を買い取ってもらうようにするなど対策が検討されるべきである。あるいは，必要に応じて価格設定そのものの検討や，販売先ごとの収益性の分析なども考えられる。

このように，活動基準原価計算（ABC）から得られる様々な知見は，活動基準経営管理（ABM）へと引き継がれ，単位当たり製品原価の正確な算定だけでなく，効率的な企業経営を検討する視座を与えてくれるのである。

4. サービス業のABC

　サービス業では，製造業と異なり，将来の売上のためにサービスを在庫することができない。したがって，在庫の評価のための特別な外部報告会計は求められていない。その結果，外部報告会計システムを前提とした伝統的原価計算を内部目的に利用しようとしてもほとんど役に立たないことが多い。

　多くのサービス企業では，伝統的な外部報告会計とは別に内部目的の会計システムを開発している。サービス業の場合，真のアウトプットを測定することは難しい。製造業に比べ，アウトプットはより無形であり，測定が困難である。例えば，病院，学校，銀行，放送局といった組織のアウトプットをどのように測定するのか，その答えは必ずしも簡単ではない。

　その解決策の1つとしてABCが注目されるようになってきている。例えば，病院では，医者や看護師が個々の患者へのサービスを逐一記録することは費用と労力がかかりすぎるため実際には行われない。そこで，病院のすべてのコストは間接費であるとみなすことが一般的である。ここにABCを導入する余地が生まれる。コスト・ドライバーの識別によって，費用発生の因果関係をより反映した原価計算と費用分析が可能になると期待されるのである。

5. 品質原価計算

　製品の品質管理に関連して発生する原価を分類・集計することによって，品質管理活動が原価に及ぼす影響を測定する原価計算を品質原価計算という。

（1）品質原価の分類

品質原価の対象となる原価はPAFアプローチ（予防・評価・失敗アプローチ）と呼ばれる分類法に従って，**予防原価，評価原価，内部失敗原価，外部失敗原価**の4つに区分される。

① 予防原価

不良製品の生産および不良サービスの提供を予防するための活動によって生じる原価をいう。予防原価には，品質計画に関する費用，従業員への品質に関する教育・訓練費用，品質のための装置の調整や改善，QC（品質管理）サークル運営費などが含まれる。

TQC（全社的品質管理）によって品質予防活動は社内のあらゆる箇所で行われるようになってきている。また，予防原価は社内にとどまらず，サプライヤー（取引先）に対する品質監査や品質管理教育といった企業外部への働きかけによっても，その発生が認識される。

② 評価原価

顧客に提供される製品やサービスが品質基準に適合していることを確認するために行われる検査等の費用をいう。評価原価には製品を検査する費用だけでなく，検査機械が正常かつ正確に作動していることを確認するための費用や品質管理システムが有効に稼動していることを検証する品質監査の費用も含まれる。

③ 内部失敗原価

品質基準を満たさない製品やサービスが生産された結果，発生する費用を失敗原価という。内部失敗原価とは，失敗原価のうち製品検査等によって出荷前に発見された不良品の処理に関わる費用をいう。内部失敗原価には，不良品の修理，再加工，再検査にかかる費用，再利用できずに廃棄される不良品の原価および廃棄費用，失敗原因の調査費用などが含まれる。

④　外部失敗原価

欠陥のある製品やサービスが顧客に提供されたために発生する費用をいう。外部失敗原価には，不良品の回収，修理，交換費用，不良品による損害を補償する必要があるときはその費用，苦情処理担当者の人件費などが含まれる。

（2）品質原価の構成比分析

品質原価計算においては，原価構成分析が重要である。その理由は，品質予防活動に力を入れることによって工程内の品質が向上し，予防原価の増加よりも評価原価や失敗原価の節約額が多くなると期待されるからである。

品質原価の各原価分類の間にはトレード・オフの関係がある。例えば，品質予防活動を強化することによって予防原価は増加するが，失敗原価や評価原価を減少させることができる。また，製品検査を強化することによって評価原価や内部失敗原価は増加するが，外部失敗原価は減少する。

一般に，不良品を製品検査で発見することができれば，その内部失敗原価は，不良品が顧客の手に渡ったときに生じる外部失敗原価よりもはるかに小さい。さらに，その不良品を品質予防活動で防止することができれば，その予防原価は内部失敗原価よりもはるかに小さい。そのため，品質原価の構成を分析し，予防原価へと他の品質原価をシフトさせることが重要である。

図表4.8　予防原価へのシフト

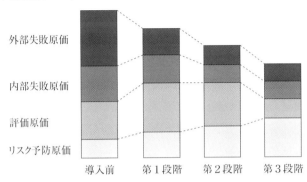

第１段階：十分な品質管理が行われていないため外部失敗原価が大きな
　　　　　割合を占めるときには，品質検査を強化して外部失敗原価を
　　　　　内部失敗原価に置き換える。
第２段階：内部失敗原価が高い場合には，例えば製造業の場合は，工程
　　　　　内検査や材料や部品の受入検査あるいは取引先との内容に関
　　　　　する品質検査を強化することによって早い段階で内部失敗リ
　　　　　スクを把握し，内部失敗原価を引き下げることができる。
第３段階：企業における内部監査が徹底して行われると失敗原因の分析
　　　　　も可能になり，品質予防活動が有効に働きだす。品質管理が
　　　　　十分に行われるようになると，評価原価も引き下げることが
　　　　　できるようになる。

　品質原価計算を行う最大の理由は，予防の考え方を取り入れることに
より，企業全体のコストを削減し，強固な経営基盤を作ることにある。

[第4章 練習問題]

　次の資料に基づいて，(1)伝統的原価計算（直接作業時間で製造間接費を配賦）と(2)活動基準原価計算によって，製品A，B，Cの製造原価を求めなさい。

<資料>

　　製造間接費

　　機械関連費用　　1,500千円

　　工程準備作業　　1,750

　　工程補助作業　　6,000

　　生産日程管理　　1,250

　　　合　　　計　　10,500千円

	製品A	製品B	製品C	合　計
機械運転時間	200時間	350時間	450時間	1,000時間
準備作業時間	120時間	100時間	130時間	350時間
直接作業時間	1,500時間	2,500時間	3,500時間	7,500時間
製造指図書数	10枚	20枚	20枚	50枚

5 | 原価の測定と原価情報の活用（3）
―意思決定のための原価分析―

《**目標＆ポイント**》　意思決定のために利用される原価にはどのようなものがあるか理解する。さらに，CVP分析や在庫管理，品質原価計算の手続きについて理解しよう。

《**キーワード**》　変動費，固定費，全部原価計算，直接原価計算，機会原価，埋没原価，損益分岐点販売量，損益分岐点売上高，損益分岐点比率，固定費調整

1. 操業度との関連による原価の分類

（1）固定費と変動費

　意思決定のために，原価は操業度の変化に対する動きの相違による分類される。ここで，操業度とは，経営能力を一定とした場合のその利用度をいい，作業時間数，生産量，販売量などで測定される。操業度の増減に比例する原価を**変動費**といい，操業度の増減にかかわらず1期間の発生額が変化しない原価を**固定費**という。直接材料費や出来高払いの直接賃金などが前者の代表例であり，管理者や従業員の給料，減価償却費，保険料，賃借料，固定資産税などが後者の代表例である。

　また，経営能力を維持することから発生する原価をキャパシティ・コスト（能力原価），業務活動を遂行することから発生する原価をアクティビティ・コスト（活動原価）という。この分類からすると，固定費はキャパシティ・コストに，変動費はアクティビティ・コストに対応する。

　原価のなかには，変動費と固定費のいずれにも分類できないものもある。操業度のある範囲内では固定的であるが，それを超えると不連続に

増加し，再び固定化するような原価を**準固定費**という。監督者給料など
があげられる。一方，操業度がゼロでも一定額が発生し，操業度の変化
に応じて増減する原価を**準変動費**という。基本料金と使用量に応じて課
金される電力・ガス・水道料などがあげられる。準固定費と準変動費は，
固定費か変動費のいずれかに帰属させるか，それぞれを固定費部分と変
動費部分に分解するといった方法によって原価分析を単純化するのが通
例である。図表5.1は変動費と固定費の動きを，図表5.2は準変動費と準
固定費の動きを示している。

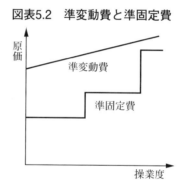

図表5.1　変動費と固定費　　　　図表5.2　準変動費と準固定費

（2）管理可能性に基づく分類

　これは，組織単位の管理者が原価の発生をコントロールする権限を
もっているか否かによる分類である。原価の発生に影響力を行使できる
ものを**管理可能費**，そうでないものを**管理不能費**という。管理者は管理
可能費に対して責任を負う。ある管理者にとって管理不能な原価はその
上司にとっても管理不能であるとは限らない。上司はより大きな管理権
限を委譲されているからである。組織のなかで発生するあらゆる原価は
経営管理階層のいずれかの管理下に置かれなければならない。

　前述した，キャパシティ・コストは，管理可能性基準に従うと，コミッ

ティド・キャパシティ・コストとマネジド・キャパシティ・コストに分
類される。前者は経営能力の取得に関する過去の意思決定によってその
発生額が既に確定しており，したがって，短期的には管理不能な固定費
である。減価償却費や固定資産税などがそれに該当する。一方，後者，
つまりマネジド・キャパシティ・コストは，各会計年度の資源配分に関
する政策的な意思決定によってその発生額を増減することができる管理
可能固定費である。研究開発費や広告宣伝費がその例である。

2. 直接原価計算

（1）直接原価計算の意義

　第2章の原価計算制度上の原価計算のように，製品に対して生じるす
べての製造原価を製品原価に集計する原価計算を全部原価計算という。
これに対し，製品に生じる変動製造原価のみを製品原価とする原価計算
を直接原価計算という。

　直接原価計算は，全部原価計算の欠点を是正するために考案された。
それは固定製造原価を製品に負担させる問題である。例えば，今，固定
製造原価を¥10,000としよう。生産数量を1，10，100，1,000と変化さ
せると，それぞれの生産数量に応じた固定費の単位当たり配賦額は，
¥10,000，¥1,000，¥100，¥10となる。つまり，多く生産すればする
ほど，製品の単位当たり原価は安くなり，販売を無視した過剰生産の可
能性が生じる。それに対し，直接原価計算は，変動製造原価のみを製品
に負担させる。単位当たり変動製造原価は，生産数量にかかわらず一定
であるから，生産数量に応じて変化しない。結果，過剰生産のインセン
ティブは薄れ，販売量にあった生産量を目指すようになるであろう。売
上高と変動製造原価の双方に着目するので，その差額の利益管理に向い
ている。

　全部原価計算と直接原価計算の計算上の違いは，固定製造原価が全部原価計算では製品原価を構成するのに対し，直接原価計算では期間原価となる点である。全部原価計算の場合，期末の棚卸資産原価＝変動製造原価＋固定製造原価となるが，直接原価計算の場合には，期末の棚卸資産原価＝変動製造原価となる。営業利益についていうと，全部原価計算の営業利益は，直接原価計算の営業利益に期首と期末の棚卸資産原価中の固定製造原価の差額を加えたものとなる。

　直接原価計算は，利益計画等の経営管理のために有効な計算制度であるが，わが国では外部報告目的のためには認められていない。そのため，直接原価計算を採用する企業は，期末に全部原価計算方式に調整しなければならない。

（2）直接原価計算の手続き

　直接原価計算は，総原価（製造原価，販売費および一般管理費）を変動費と固定費に分類し，変動製造原価だけで製品原価を算定し，固定製造原価は一括して損益計算書の期間原価として処理する方法である。1期間の売上高から，その期に販売された製品の変動製造原価と変動販売費を差し引いて**限界利益**（あるいは**貢献利益**ともいう）を求め，限界利益から固定費（固定製造原価，固定販売費および一般管理費）を差し引いて営業利益を求める。

　変動費は売上高に比例するから，限界利益も売上高に比例して増減する。他方，固定費は売上高の増減にかかわらず一定であり，直接原価計算ではその全額が費用となるので，全部原価計算よりも，売上高と営業利益の関係が明瞭になる。この結果，製品別の収益性を分析したり，利益計画の策定に役立つ原価情報や損益情報が入手できるようになる[1]。直接原価計算はこのように経営管理目的への有用性が広く認められてい

1　具体的な分析方法として，後で述べるCVP分析があげられる。CVP分析は直接原価計算の原価情報をもとに行われる。

図表5.3　直接原価計算と全部原価計算の損益計算書の対比

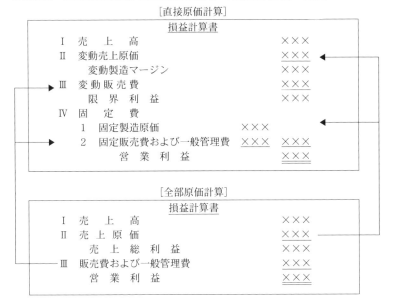

[直接原価計算]

損益計算書

Ⅰ	売　上　高	×××
Ⅱ	変動売上原価	×××
	変動製造マージン	×××
Ⅲ	変 動 販 売 費	×××
	限　界　利　益	×××
Ⅳ	固　　定　　費	
	1　固定製造原価　　　　　×××	
	2　固定販売費および一般管理費　×××　×××	
	営　業　利　益	×××

[全部原価計算]

損益計算書

Ⅰ	売　上　高	×××
Ⅱ	売　上　原　価	×××
	売　上　総　利　益	×××
Ⅲ	販売費および一般管理費	×××
	営　業　利　益	×××

る。しかし，企業外部に公表する財務諸表の作成目的には，直接原価計算を利用することが認められておらず，伝統的な全部原価計算に従うことになっている。財務会計の理論からすれば，製造活動から発生する原価は，それが固定費であったとしても，製品原価を構成すると認識されるからであり，製造原価が費用になるか資産にとどまるかは，費用収益対応の原則にしたがって，当期の販売収益に貢献したかによって判断される。

　直接原価計算と全部原価計算の損益計算書の様式が図表5.3に示されている。それでは，2つの原価計算で算定される営業利益の間にはいかなる関係があるだろうか。簡単化のために，期首と期末の仕掛品はないという前提のもとで売上原価の計算過程に注目してみよう。両者の相違

は以下で述べるように固定費の期間帰属の相違から生じることがわかる。

　全部原価計算では，固定製造間接費が製品原価を構成するので，期首製品在庫のなかには固定費が含まれる。そして，それは当期の費用（売上原価）に計上される。しかし，直接原価計算では，期首製品在庫は変動費のみから構成される。前期に発生した固定費はすべて前期の費用に計上され当期の期首製品在庫には繰越されないからである。

　一方，全部原価計算では，期末製品在庫のなかに固定費が含まれる。したがって，その部分は当期の費用から除外される。それに対して，直接原価計算ではすべての固定費が当期の費用に計上される。仕掛品についても同様の関係が成立する。

　このように，製品および仕掛品の期首期末在庫に含まれる固定費の帰属関係に起因して2つの営業利益の間には次の関係が成立する。

　　直接原価計算の営業利益＋期末仕掛品と製品に含まれる固定製造原価

　　－期首仕掛品と製品に含まれる固定製造原価＝全部原価計算の営業利益

　したがって，ある原価計算方式で算定された営業利益は，この式によって，他の計算方式による営業利益に修正することができる。この修正を一般に**固定費調整**と呼ぶ。

　既述のように，企業は外部報告目的には全部原価計算を使用しなければならない。上式の左辺第2項（期末仕掛品と製品に含まれる固定製造原価）は，期末在庫が大きくなるほど右辺の営業利益が増加するという関係にあることを示している。このため，全部原価計算のもとでは，ときに利益を捻出する意図のもとに生産量を拡大して過剰在庫を抱えてしまうという事態が生じる。これに対し，直接原価計算の場合には，利益を決めるのは販売量であるから，生産量の決定にそのような歪みが生じることはない。

【例　題】　次の＜資料＞によって，直接原価計算による場合と全部原価
計算による場合の損益計算書を作成しなさい。

＜資　料＞

期首製品在庫	0個	販　売　単　価	@¥300
当期生産量	2,200	変動製造原価	@¥180
合　計	2,200	固定製造原価	¥132,000
期末製品在庫	200	変動販売費	@¥ 12
販　売　量	2,000個	固定販売費・管理費	¥15,000

（解　答）

［直接原価計算］

損益計算書　　　　　　（単位：円）

```
Ⅰ　売　上　高                          600,000
Ⅱ　変動売上原価                        360,000
    変動製造マージン                    240,000
Ⅲ　変動販売費                           24,000
    限　界　利　益                      216,000
Ⅳ　固定費
    1　固定製造原価           132,000
    2　固定販売費および一般管理費 15,000 147,000
        営　業　利　益                   69,000
```

［全部原価計算］

損益計算書　　　　　　（単位：円）

```
Ⅰ　売　上　高          600,000
Ⅱ　売　上　原　価      480,000
    売　上　総　利　益  120,000
Ⅲ　販売費および一般管理費 39,000
    営　業　利　益       81,000
```

（解　説）

　両者の利益の差額¥12,000は，期末製品在庫の200個に単位当たり固定製造原価¥60を掛けたものに等しい。

3．CVP分析

（1）損益分岐点販売量および売上高

　操業度の変化に対する原価の動きと収益の動きを組み合わせると，操業度の変化に対する利益の変化が明らかになる。これを**CVP分析**（Cost-Volume-Profit analysis），または**損益分岐点分析**（break-even analysis）という。

　CVP関係は，販売量を横軸とする図表5.4と，売上高を横軸とする図表5.5の損益分岐図のように描かれる。

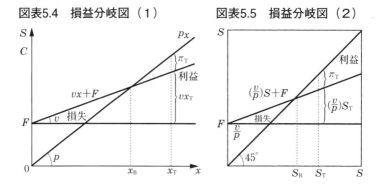

図表5.4　損益分岐図（1）　　　　図表5.5　損益分岐図（2）

　販売価格をp，期首・期末の在庫はないと仮定して，1期間の販売量をx，製品1単位当たりの製造・販売に要する変動費（単位変動費）をv，1期間の固定費をFとすると，売上高Sは$S = px$，総費用Cは$C = vx + F$となるから，利益πは次式で表される。

$$\pi = (p - v)x - F \tag{5-1}$$

$(p-v)x$を**限界利益**という。$(p-v)$ は単位当たりの限界利益になる。例えば，$p=1,000$円，$v=400$円，$x=800$個，$F=384,000$円のとき，$\pi=96,000$円，単位当たり限界利益600円，限界利益480,000円となる。

　左辺をゼロ（$\pi_B=0$）とすると，固定費だけを回収でき，利益も損失も生じない販売量x_Bが得られる（5-2式）。これを**損益分岐点**（break-even point）という。

　販売量が**損益分岐点販売量**x_Bを下回ると損失が生じ，それを上回ると利益が生じる。先ほどの数値例では，$x_B=384,000/(1,000-400)=640$個となる。

　（5-2）式の両辺にpを乗じると，**損益分岐点売上高**S_Bが求められる（5-3）。

$$S_B=px_B=\frac{F}{1-\dfrac{v}{p}} \tag{5-3}$$

v/pを**変動費率**，$(1-v/p)$ を**限界利益率**という。数値例では，$S_B=640$個×1,000円＝640,000円となる。

（2）目標利益を達成するための販売量と売上高

　目標利益π_Tが与えられた場合，それを達成するのに要する目標販売量x_Tと目標売上高S_Tが次式で求められる。

$$x_T=\frac{F+\pi_T}{p-v} \tag{5-4}$$

$$S_T=px_T=\frac{F+\pi_T}{1-\dfrac{v}{p}} \tag{5-5}$$

　前述の数値例で，目標利益を150,000円とすると，x_TとS_Tは次のように計算される。

$$x_T = (384{,}000 + 150{,}000)/(1{,}000 - 400) = 890 \text{個}$$
$$S_T = (384{,}000 + 150{,}000)/(1 - 0.4) = 890{,}000 \text{円}$$

（3）損益分岐点比率と安全余裕度

　販売量が損益分岐点を下回ると損失が発生するから，目標売上高 S_T と損益分岐点売上高 S_B の位置関係が重要になる。S_T と比べて S_B が小さいほど，損失になる可能性が低下するからである。この関係は**損益分岐点比率**（S_B/S_T）によって表される。損益分岐点比率は低いほどよい。それが0.9であったとすると，実際の売上高が目標値よりも1割減少しただけで，利益がゼロになる。なお，中小企業の数値は大企業より数％高い。損益分岐点比率の補数をとると，$(S_T - S_B)/S_T$ になる。これは安全余裕度（rate of safety margin）と呼ばれ，安全度を計る尺度になる。その値が大きいほど安全度が高いと判断される。数値例では，損益分岐点比率80％（$S_B/S_T = 640{,}000/800{,}000$），安全余裕度20％と計算される。

　ここでは，p，v，F などのパラメータを所与と仮定したが，それらは S_T と同様に，経営努力によって達成すべき目標値でもある。利益目標 π_T が達成されるように最適なCVP関係を作りあげることが**利益計画**（profit planning）の課題である。損益分岐点を引き下げる手段は，

　　①固定費の削減（工場や営業所などの整理・統合，余剰人員の削減，生産工程の効率化，在庫の圧縮，業務の外部委託（outsourcing）など），

　　②変動費の低減（製品設計の簡素化，生産方法の改善，部品購入単価の削減，部品の標準化や共通化，ムダの排除による能率改善，販売手数料の引き下げなど），

　　③販売価格の引き上げ，

の3つに分類される。それらの選択にあたっては，製品の品質・機能や

販売量に及ぼす影響を考慮しなければならない。

（4）オペレーティング・レバレッジ

　年間固定費を 1 万円削減しても，年間利益は 1 万円しか増加しない。
しかし，年間販売量を100万個とすると，単位変動費を 1 円削減するだ
けで，年間利益を100万円増やすことができる。このような量産効果が
期待できるとすると，固定費の増加と引き換えに変動費を削減する方策
が有効となる。機械化，自動化，IT 化などがその例である。その結果，
固定費が押並べて肥大化したというのが，現代企業に共通する属性であ
る。総費用に占める固定費の割合を**オペレーティング・レバレッジ**
（operating leverage）という。この比率が大きくなると，好況期には利
益は急増するが，不況期には赤字に転落するといったように，操業度の
変化に対する損益の変動性（これをビジネス・リスクという）が増大す
る。

　数値例でこの点を確認しよう。図表5.6の A 社と B 社の損益計算書は
操業度に応じて利益がどのように変化するかを要約している。売上高が
1,000万円の場合，両社の収益，総費用，利益はすべて同一であるが，
費用構造だけが異なっている。A 社の方が固定費は小さいが，変動費率
は大きい。そのため，損益分岐点売上高は A 社が750万円，B 社が833万
円となって，A 社の方が，利益の変動性が小さいことがわかる。

　図表5.7は A 社と B 社の損益分岐図をややデフォルメして描いている。
費用直線（C_A, C_B）と収益直線（対角線）が交差する角度は B 社の方が
大きい。これは B 社の固定費が大きく変動費率が低いことに由来する。
交差角度が大きくなるほど，変動性が大きくなる。損益分岐点を支点と
する「てこの作用（leverage）」が働くのである。固定費がゼロであれば，
オペレーティング・レバレッジがゼロになり，損失が発生することはな

図表5.6　売上高と利益の変動 （単位：万円）

A社 （低レバレッジ）				B社 （高レバレッジ）			
売上高	800	1,000	1,200	売上高	800	1,000	1,200
変動費	480	600	720	変動費	320	400	480
固定費	300	300	300	固定費	500	500	500
営業利益	20	100	180	営業利益	−20	100	220

図表5.7　損益分岐点の比較

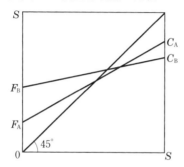

くなる。

4. 機会原価と埋没原価

　第2章において，**機会原価**は意思決定に有用な概念であると述べた。この概念がどのように用いられるかを数値例で説明しよう。

（例1）販売先の選別

　50万円のコストで製造した工作機械1台に対して，AとBの2社からこれを購入したい旨のオファーが来た。A社は70万円，B社は80万円の価格を提示している。どちらかに販売すると他方を断らなければならないから，A社に販売するときの機会原価は80万円，B社に販売するときは70万円になる。経済的利益，すなわち，販売価格から機会原価を差し

引いた差額は，前者がマイナス10万円，後者がプラス10万円になるから，後者を選択すべきである。会計利益は，販売価格から支出原価を差し引いた30万円になる。50万円の支出原価は，どちらを選択しても変化しないから，意思決定に無関連であり，無視してよいという意味において**埋没原価**と呼ばれる。それに対して，機会原価はどちらを選ぶかによって変化する。意思決定に関連をもつという意味において関連原価と呼ばれる。

（例2）在庫品（原料）売却の可否

1年前に転売する目的で，100万円で仕入れた原料を売れないまま倉庫に保管しているが，この1年間に値崩れして，卸売価格は60万円に下落している。そこにある需要先から70万円で購入したいというオファーが来たとしよう。この商談に応じるべきであろうか。70万円で売却した場合，**会計利益**はマイナス30万円になる。この損失を計上したくないというのであれば，商談に応じないことになるが，その選択は正しくない。

100万円は過去の支出原価であって，売却しようと廃棄処分にしようといずれかの時点で必ず発生する埋没原価であるから，この意思決定には無関連である。関連原価は，商談に応じるか否かによって変化する原価である。商談に応じない場合には，どのような選択肢があるだろうか。1つは何もしないという選択であり，その場合の収入はゼロになる。もう1つは，卸売価格で売却するという選択であり，その場合は60万円の収入が得られる。したがって，後者，つまり卸売価格による売却が最善の代替案となるから，商談に応じる機会原価は60万円になる。その**経済的利益**はプラス10万円（＝収益70万－機会原価60万）になる。会計利益は前述したようにマイナス30万円である。一方，何もしない場合と卸売価格で売却する場合の機会原価は，いずれも，商談に応じるときの収入（70万円）になる。したがって，何もしない場合は，会計利益はゼロで

あるが，経済的利益はマイナス70万円になり，卸売価格で売却するときの会計利益はマイナス40万円，経済的利益はマイナス10万円（＝収益60万－機会原価70万）になる。したがって，商談に応じるのが，経済的利益が最大になるので，正しい決定となる。しかし，会計利益は何もしないという選択が最大になることに注意すべきである。

　会計利益は外部に報告され，経営者はその良し悪しによって評価を受ける。しかし，経済的利益が外部に報告されることは一般的にはないため，意思決定にあたって，経営者は，往々にして，経済的利益よりも会計利益を優先するインセンティブをもつ。結論を先送りして，今は何もしないという決定がよくなされる背景には，このような事情があると思われる。

（例3）特別注文受諾の可否

　月産1万個の生産能力をもつ企業において，来月の予定生産量を国内の予想受注量である8,000個に定めている。販売価格は1,000円である。単位当たり変動費を600円，月間固定費を240万円とすると，この生産計画のもとでの単位当たりの製品原価は900円（＝変動費600円＋単位当たり固定費300円）と計算される。そこへ，海外の新規顧客から1個800円の価格ならば，1,000個購入したい旨のオファーが届いたとする。生産能力に余力があるので，この注文に応えても国内販売を削る必要はない。また，海外取引でこのような値引きを行っても，国内需要と国内販売価格には影響を与えないと予想される。この特別注文は受諾すべきであろうか。

　原価900円の製品を800円で売ったら，1個につき100円の損失になるから断るべきだと判断したとすれば，それは誤りである。なぜならば，単位原価900円のなかには，注文に応じるか否かにかかわらず発生する固定費が含まれており，これを除外しなければ，収益と原価の正しい比

較ができないからである。この意思決定に関連する原価は変動費の600
円だけである。つまり，断れば変動費の発生を回避できるから，それが
注文を受諾する場合の機会原価となる。経済的利益は1個当たり200円
（＝収益800－機会原価600）になるので，注文に応じるのが正しい判断
となる。本例における変動費のように，意思決定によって回避できる原
価を**回避可能原価**，固定費のように回避できない原価を**回避不能原価**と
いう。

　なお本例では，注文に応じるときの支出原価は機会原価に一致するの
で，会計利益も1個当たり200円（＝収益800－変動費600）になる。図
表5.8は，断る場合と受諾する場合の損益計算の結果を総額と純額（増分）
で比較している。

　生産能力を月産10,000個ではなく，8,000個と仮定した場合，つまり，
国内販売だけで100％操業になる場合は，この意思決定はどのように変
わるであろうか。その場合には，特別注文に応じると国内注文に応じら
れなくなるので，1個当たりの機会原価は国内販売価格である1,000円
になる[2]。したがって，特別注文に応じる場合の経済的利益は1個当た
りマイナス200円（＝収益800－機会原価1,000）となるから，断るのが

図表5.8　見積月次損益計算 （単位：万円）

	断る場合	受諾する場合	増分
売上高	800	880	80
変動費	480	540	60
限界利益	320	340	20
固定費	240	240	0
営業利益	80	100	20

2　変動費は，そのいずれを選択しても発生するから，この場合の意思決定には無
　関連になる。

正しい判断となる。会計利益は，機会損失が発生しているにもかかわらず，プラス200円と計算される。

以上，3つの例から推察されるように，機会原価は意思決定者が置かれた状況やどのような代替案を考慮に入れるかによって変化する。代替案の探求にも時間とコストがかかるから，世の中に存在するすべての代替案が考慮されるわけではない。ある程度，満足のいく代替案が見つかったところで，探求が打ち切られると考えると，機会原価は絶対的なものではないことが理解されるであろう。

5. プロダクト・ミクス

（1）プロダクト・ミクスの意義

多品種生産企業における重要課題の1つに，各種の製品をそれぞれ，どれだけ製造・販売するかという問題がある。これはプロダクト・ミクス（製品組合せ）問題とよばれ，線型計画法の適用によって，その解決策が分析される。

いま，2種類の製品（XとY）を製造・販売する企業を考えてみよう。この企業の販売および原価データは図表5.9のように要約される。

なお，製造間接費の配賦率900円／時は，1日当たりの機械稼働時間30時間における27,000円より設定されている。その内訳は変動間接費9,000円，固定間接費18,000円の合計額である。

また，使用可能な資源は一定であり，直接材料は16ｔ，直接労働は27時間，機械稼働時間は30時間に制限されている。

（2）線型計画法

経営者の直面する意思決定は，製品X・Yの価格を所与として，生産・販売量をそれぞれいくらにすれば利益が最大になるか，という問題である。ここでは，単純化のために生産量と販売量は等しく，在庫は存在し

ないと仮定して分析を進める。

　この意思決定は，材料，労働および機械といった経営資源は有限であり，X製品の生産を増やせば，Y製品の生産を減らさねばならないという状況下にある。資源の消費において競合しているので，この２つの製品の生産・販売は相互依存関係にある。この場合，制約条件つきの目的関数の最大化を扱う線型計画法とよばれる手法がもちいられる。

　線型計画法では，まず目的関数が設定される。図表5.9では，製品単位当たり売上総利益および限界利益が示されているが，どちらの利益を最大化すべきであろうか。CVP分析と同様，生産・販売量の変化に対する利益の変化が明らかになるため，限界利益が採用される。したがって，製品X，Yの生産・販売量をそれぞれx，yとすると，目的関数は次のように定義される。

　　max　$z = 2,100x + 3,300y$

　また，制約条件式は次のように定義される。

　　$x + y \leq 16$

　　$2x + y \leq 27$

　　$x + 3y \leq 30$

　制約条件式は，上から順に，直接材料，直接労働，機械についての制

図表5.9　販売および原価データ

原 価 要 素	単　価	製品 X 所要量	製品 X 単　価	製品 Y 所要量	製品 Y 単　価
販売価格		9,000円		10,000円	
直接材料費	5,000円／t	1 t	5,000円	1 t	5,000円
直接労務費	800円／時	2 時間	1,600円	1 時間	800円
製造間接費	900円／時	1 時間	900円	3 時間	2,700円
製 造 原 価			7,500円		8,500円
売 上 総 利 益			1,500円		1,500円
変 動 費			6,900円		6,700円
限 界 利 益			2,100円		3,300円

約を式で表している。例えば，直接材料については，製品XとYが生産に1単位ずつ必要とし，それが16 t を超えてはならないことを示している。

　線型計画法では，シンプレックス法とよばれるアルゴリズムをもちいてとくことができる。しかし，本設例のように変数が2つに限定される場合は，グラフによる解答が便利である。

　線型計画法の問題は，すべての制約条件を満たし，目的関数を最適化する意思決定変数を求めることである。図表5.10でいえば，網掛けの部分が可能な解の組合せとなり，これを実行可能領域という。

　ところで，目的関数は次のように式を変換することができる。

$$y = -\frac{2,100}{3,300}x + \frac{1}{3,300}z$$

zは原点から遠ざかれば遠ざかるほど大きくなる。しかし，x，yは実行可能領域になくてはならない。この直線を平行移動すると，実行可能領域にある（x, y）＝（9，7）において，zは最大になる。したがって，これが最適な生産の組合せとなる。このときの限界利益は，42,000円となる。

図表5.10　線型計画法の図解

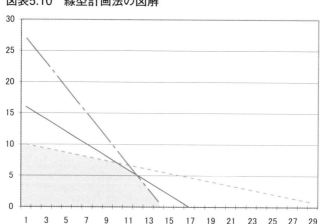

［第5章　練習問題］

　次の（資料）に基づいて，直接原価計算と全部原価計算による3期間
の損益計算書を作成しなさい。

1．各期の価格と原価

　　販売価格　　　　　　　　　　　　5,000円

　　単位当たり変動製造原価　　　　　2,000円

　　1期間の固定製造原価　　　　　100,000円

　　単位当たり変動販売費　　　　　　500円

　　1期間の固定販売費・一般管理費　50,000円

2．各期の生産・販売量（単位：）

	第1期	第2期	第3期	合　計
期首在庫量	0個	0個	25個	0個
生　産　量	100個	125個	80個	305個
販　売　量	100個	100個	105個	305個
期末在庫量	0個	25個	0個	0個

直接原価計算による損益計算書　　　　　　（単位：円）

	第1期	第2期	第3期	合　計
Ⅰ　売　上　高				
Ⅱ　変動売上原価				
変動製造マージン				
Ⅲ　変動販売費				
限　界　利　益				
Ⅳ　固　定　費				
営　業　利　益				

全部原価計算による損益計算書　　　　　　（単位：円）

	第1期	第2期	第3期	合　計
Ⅰ　売　上　高				
Ⅱ　売上原価				
売上総利益				
Ⅳ　販売費・一般管理費				
営業利益				

6 | 予算管理システム

《**目標＆ポイント**》 コントロール・システムについて理解し，予算管理システムがコントロール・システムとしてどのように役立つかについて学習する。また，予算システムと組織設計の関係や予算の逆機能についても学習しよう。

《**キーワード**》 エイジェンシー・コスト，組織設計，予算体系，デシジョン・マネジメント，デシジョン・コントロール，固定予算，変動予算，差異分析

1. コントロール・システムと予算

　第1章で，エイジェンシー・コストはエイジェントの利己的な行動をコントロールするコストと残余損失から構成されると述べた。残余損失の節約額の方がコントロール・コストよりも大きいはずであるから，適切なコントロール・システムが存在していなければ，エイジェンシー・コストは過大になってしまう。それでは，コントロール・システムはどのようなメカニズムによって利己的な行動を抑制するのであろうか。業績測定と業績を褒賞する仕組みがそれである。企業目的に適合する行動を動機づけるには，まず第1に，個々の組織成員が目標に向かって努力した結果，どのような業績が実現したかを測定しなければならない。そうでなければ，その人が良い仕事をしたのか悪い仕事をしたのかを識別できない。それを判別できなければ，結果の良し悪しにかかわらず同じ扱いをせざるを得なくなり，それでは努力の甲斐がなくなるからである。業績測定にあたっては，いかなる業績指標を用いるかが重要となる。企業価値や株主価値に関連のない業績指標によっては企業目的に適合する行

動を動機づけられないことは明らかである。計量的な指標によって業績を測定し，評価することが業績管理会計の役割であることは第1章で述べたところであるが，計量的指標だけでなく，品質，顧客満足，従業員満足などのような定性的な業績指標も重要となる。どの職務も多次元の要素から構成されており，計量化が容易な指標のみを重視する場合には，定性的な要因を無視する行動を誘発するからである。また，このような非財務指標は，将来の財務指標の良し悪しを決める先行指標となる場合が多いので，その点からもこれを重視する経営が望まれるのである。

　第2に，業績の良し悪しを評価して，ボーナス・昇給などの金銭的報酬や昇進・昇格などの非金銭的な報酬に結びつけることが必要である。業績評価の結果が報酬（組織の処遇）に結びつくというインセンティブがなければ，目的意識の異なる組織成員を共通目標に向けて動機づけるのは困難である。インセンティブによって組織目的と個人の「利益」の一体化が図られるのである[1]。

　以上の論点は次のように要約される。組織全体の意思決定を改善し，組織成員を企業目的の達成に向けて動機づけるには，

　　①**決定権をどのように配置し，**

　　②**どのような尺度で業績を測定し，**

　　③**業績評価の結果をどのように報酬に結びつけるか，**

が重要である。①決定権の配分と，②③からなるコントロール・システムは，相互依存の関係にある。権限が十分に委譲されなければ業績責任を問うことはできないし，明確な責任体制が確立されなければ権限委譲は促進されないからである。①～③は，それによって組織成員が準拠すべき「ゲームのルール」が定まるという意味において，組織の基本的な

1　わが国では，従来，年功序列型の賃金体系が支配的であったことにより，業績と報酬の結びつきは必ずしも明確でなかった。しかし，経済成長がストップし，終身雇用の維持が困難になった環境のもとで組織成員の貢献意欲を引き出すには，能力や業績の達成度に応じて報酬を支払う賃金体系への移行が不可避となる。目標管理制度を前提とする年俸制の導入はその典型例である。

枠組みを決定づけると言ってよい。Brickley,et al.[2001]はこの３点セットを**組織設計**（organizational architecture）と呼んでいる。設計思想の良し悪しは組織成員の意欲と行動を変化させ，企業価値に影響を与える。その重要性のゆえに，組織設計の決定権はトップ・マネジメントのもとに置かれる[2]。

　それでは，いかなる要因がそれに影響を与えるであろうか。「組織は戦略に従う」と言われるように，組織設計のコンセプトは，どのような戦略を採用するか——いかなる市場で，いかなる競争優位を求め，そのためにいかなる資源を投入するか——によって定まる。一方，戦略は外部環境に適応する手段を具体化したものに他ならないから，組織は企業を取り巻く環境（市場，技術，規制など）に応じて変化する。Brickley, *et al.*[2001]はこれらの関係を図表6.1のように描いている。市場競争の激化，規制緩和，ITに裏付けられたコントロール技術の革新などは，組織の分権化を促進する要因となろう。組織を取り巻く環境の変化は，ときに分権化を促進する要因となり，ときに集権化を促進する要因となる。

　予算管理システムは，コントロール・システムの１つである。次節以降，予算管理システムがコントロール・システムとしてどのように寄与するかについて検討しよう。

2　「市場」においては,資源配分は価格メカニズムに基づいて行われる。すなわち,資源に対する決定権（支配権）は最も高い購入価格を提示した者に配分される。一方,「組織」においては,資源配分は,誰がそれを最も効率的に使用できるかについてのトップ・マネジメントの判断（決定権）に基づいて行われる。また,「市場」では,資源の所有者に譲渡権（alienability）,つまり,第三者にそれを売却し,売却収入を取得する権利が保証されているので,資源の所有者には譲渡価値をできるだけ高めようとするインセンティブが働く。そうしなければ,競争に負け,取引機会を失うからである（これを**市場の規律**という）。しかし,「組織」における資源の管理者には,そのような譲渡権が与えられていないので,資源を効率的に活用して価値を高めようとするインセンティブが生まれる余地がない。業績評価や報酬による動機づけが必要となるのはそのためである。cf. Jensen and Meckling［1995］.

図表6.1 企業戦略，組織設計，企業価値の決定要因

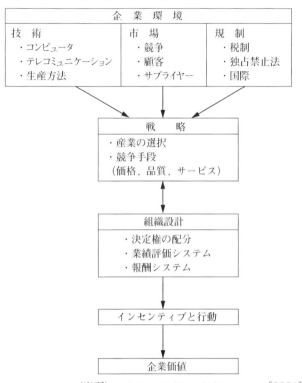

（出所）Brickley, Smith and Zimmerman［2001］p. 268.

2. 予算の意義と体系

『原価計算基準』は，予算を「予算期間における企業の各業務分野の具体的な計画を貨幣的に表示し，これを総合編成したものをいい，予算期間における企業の利益目標を指示し，各業務分野の諸活動を調整し，企業全般にわたる総合的管理の用具となるものである」と定義している。予算期間は会計年度に合わせて1年とするのが通例である[3]。年度予算

3　長期計画が毎年設定される場合には，初年度の計画（短期利益計画）が予算編成の基礎となる。

は四半期予算や月次予算に細分される。この定義にあるように，購買，生産，販売，研究開発，財務などの各業務分野の活動目標を貨幣数値に表現したものが予算である。いずれの業務活動も資金の収支を伴い，損益を発生させるから，それぞれの活動を貨幣数値に表現し，見積財務諸表という会計スクリーンに投影して，利益目標と関連づけて相互に調整することによって，企業全体の活動に整合性と方向性が与えられるのである。

　個々の予算を一定の秩序の下に相互に関連づける枠組みを**予算体系**という。図表6.2は会計の計算構造をベースにする予算体系の例である。**経常予算**は所定の経営構造のもとで継続・反復して遂行される業務活動を対象とする予算であり，利益計画が費用・収益の計画と資金計画に分けて設定されることを反映して，**損益予算**と**資金予算**とに区分される。**資本予算**は，生産能力や販売能力などの経営構造に変革をもたらす業務活動を対象とする予算であり，投資の意思決定を受けて年度資本支出予算として設定される。**総合予算**（master budget）は，経常予算と資本予算を統合して，見積損益計算書，見積貸借対照表，見積キャッシュフロー計算書などの見積財務諸表に表現したものである。

図表6.2　予算体系

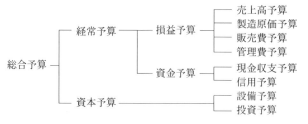

この予算体系には，経営管理組織との結びつきは明示的に考慮されていない。予算は，組織単位（部門）を前提にして編成され，それを執行するのも各組織単位の管理者であるから，予算が管理用具として影響力をもつためには，組織単位との結びつきが不可欠となる。その意味では，経営の組織図をベースにする予算の体系化がより実践的な意味をもつことになる。連邦型組織では事業部予算やカンパニー予算が，職能別組織では製造予算，販売予算，購買予算，研究開発予算などの部門予算が組織単位をベースとする予算の例である。しかし，それらの部門予算が全体としての整合性を確保するには，図表6.2に例示されるような計算構造に基づく総合的な検討を加えることが必要となる。

3.　予算編成のプロセス

予算には，トップ・マネジメントの経営方針だけでなく，部門管理者の意見や将来予測が同時に反映されなければならない。前者が欠ける場合には，予算は方向性と指導性の乏しいものになるし，後者が欠ける場合は，現実性の乏しいものになる。また，上からの押し付けがなされる場合，予算に対する反発が強くなり，受容され難くなるので，予算責任者，すなわち，予算によって評価される管理者自身を予算編成に参加させるのが一般的である。

参加を前提とする予算編成手続きは，通常，①予算編成方針の決定・指示，②部門予算案の編成・提示，③相互調整と修正，④総合予算案の編成，⑤予算の承認・示達，という順序で進められる。ここで予算編成方針とは，予算編成に際して準拠すべき枠組みとしてトップが表明する経営方針をいい，企業を取り巻く環境予測（経済動向，業界動向，物価水準，為替レートなど）や企業に内在する問題点を分析して，予算期間に達成すべき目標や実行すべき戦略を表明したものである。①で予算編

成方針が各部門に示され，②でそれに対する部門側の意思が表明され，③で双方のすり合わせがなされる。CEO（最高経営責任者）あるいはCFO（最高財務責任者）が議長を務める予算委員会がその審議を担当し，コントローラー部門（予算課）がその事務局となるのが通例である。予算の最終的な承認権は取締役会に留保される。

4. デシジョン・マネジメントとデシジョン・コントロール

意思決定のプロセスは，実行とフィードバックを含む循環的な活動として理解すべきであることは第1章で述べたところである。Fama and Jensen［1983］は，決定権という視点から，意思決定のプロセスを次の4つのステップに分解している。

a．**発議**（decision initiation）：代替案の提案（発案）

b．**承認**（decision ratification）：代替案のなかから実行すべき行動の選択

c．**実行**（decision implementation）：承認された決定事項の実施

d．**監視**（decision monitoring）：業績の測定と評価

決定権をこのように4つの権限に分けると，それぞれをどのように委譲するかが問題となる。全権委任か，分割委任かである。a〜dのすべての権限が1人の人間に集中した場合，どういう事態が起こるであろうか。自分の発案を自分が承認し，結果の良し悪しまで自己査定することが許されるのであれば，独善を許し，エイジェンシー問題が深刻化するのは明白であろう。そうした事態を避けるには，権限を複数の人間に分割し，役割分担を通じてチェック・アンド・バランスを確立することが必要になる[4]。

それでは，4つの権限はどのように分割するのが合理的であろうか。対外的には組織の代表者がすべての責任を負うことからもわかるよう

4　権限を複数の人間に分割する発想は，不正や誤謬を防止するために，請求書の発行，現金の収納，記録などの一連の業務を同一人物に担当させないようにする内部牽制制度に反映されている。

に，権限を委譲したからといって，組織の上位者が（権限委譲した）結果に対する責任を解除されるわけではないから[5]，上位者は下位者を監督する権利と義務を負う。したがって，上位者は，与えられた職務を遂行するうえで，自分よりも詳細な情報を保有している下位者に**発議**と**実行**の権限を委譲し，**承認**と**監視**の権限を留保して下位者に対する影響力を保持するのが賢明であろう。Fama and Jensen［1983］は，**発議**と**実行**を**デシジョン・マネジメント**，**承認**と**監視**を**デシジョン・コントロール**と呼んで，決定権を２つに区分している。

　デシジョン・コントロールは下位者のデシジョン・マネジメントを対象にして行われる。コントロールを有効に機能させるには，両者は直接的な上下関係で結ばれるべきであるから，直属の上司が部下をコントロールするという関係が成立する。具体的には，第１章の図表1.2に示したように，株主に対して受託責任を負う取締役会は，人事権を通じて，トップ・マネジメント（CEOや執行役員）をコントロールするが，経営全般に関するデシジョン・マネジメントはトップ・マネジメントに委託する。**戦略計画**の策定や**組織設計**などがその中身である。一方，トップ・マネジメントはそれらを実施する個別的なプログラムについてのデシジョン・マネジメントをミドル・マネジメントに委託し，同時に，それに対するデシジョン・コントロールを行う。ミドル・マネジメントは，プログラムを実施するための個々の作業（オペレーション）に関するデシジョン・マネジメントをロワー・マネジメントに委託し，それに対するデシジョン・コントロールを行う。ロワー・マネジメントは具体的なオペレーションに対するコントロール活動を実行する。このような連鎖を通じて，目的集団としての組織の意思統一と規律が確保されるのである[6]。

5　権限を委譲された者は委譲者に対して結果責任（すなわち，結果の良し悪しに応じて賞罰を受けること）を負う。一方，委譲者は，権限委譲した職務をどのように遂行するかについての責任は解除されるが，結果に対する責任は解除されない。権限は委譲できても「責任は委譲できない」というのが権限委譲の原則である。

5. 予算システムと組織設計

　前節で明らかにしたように，**組織設計**は，決定権の配分，業績評価，報酬システムの３点セットから構成される。予算システムはこの３つの要素のいずれにも密接に関連しているので，予算システムには組織設計に対するトップの思想が色濃く反映される。

　予算が公式に承認されると，部門管理者にはその執行権限，つまり承認された予算の範囲内で業務を遂行する権限が与えられる。そのため，承認される予算の大きさはしばしば権限委譲の大きさを含意する[7]。予算の配分を巡って，ときに，部門間で衝突が起きるのも，予算にそうした意味合いが含まれているからである。予算責任者に権限が委譲されるのは，業務に関連する特定情報がそこに集まっているからであり，個々の業務に関わる決定権が最も有効に行使されると期待されるからである。

　支出権限をどの程度委譲するかに関連して，次のような課題が存在する。予算責任者には支出予算をオーバーする権限が与えられていないから，上司の承認の下に超過支出を許容するか否か，逆に，予算が余った場合，残余の支出権限を取り消すか，次年度への繰越しを認めるか，また，予算が費目別に特定されている場合，他の費目への流用を認めるか

6　ここで述べた組織原理が現実に作動して「ゲームのルール」が遵守されているかどうかは，別問題である。この原理に背馳する現象として，わが国の企業では，取締役会が形骸化し，CEOに対するデシジョン・コントロールが機能しないケースや，CEOが事業部長のデシジョン・マネジメントに介入するケースがよく指摘されている。前者はCEOの独走を許すという形で，後者は業績改善に対する事業部長の意欲を削ぐという形で，エイジェンシー・コストを発生させ，組織の効率性を低下させる。

7　予算の執行権のなかには，資金の支出権限と同時に，建物や機械などの物的資源を使用する権限が含まれる。ただし，それらの資源を売却処分する権限は，上位者に留保されているのが通例である。当該資源を有効に活用できるか否かに関する特定的知識は，予算執行者でなく上位者が保有していると考えられるからである。

否か，といった問題である。予算執行の厳格度を高め，制約を厳しくするほど，予算責任者が保有する特定情報を活用する機会が少なくなるが，制約を緩める場合にはエイジェンシー・コストの増加を招く。ゆえに，予算執行の厳格度はこのコストとベネフィットのトレードオフによって定まるであろう。

　予算が実行に移されると，定期的に業績が測定される。その都度，実績と予算を対比して，その達成状況を明らかにし，予算責任者は必要な是正措置をとる。期中コントロールと呼ばれるものがそれである。年度末には，年間実績が測定され，予算の達成状況に基づいて予算責任者の業績が評価され，その結果がさまざまな金銭的・非金銭的報酬に反映される。予算管理システムは，このように決定権の配分とコントロール機能を通じて管理者の行動に影響を与えることを意図する。また，前述の数値例からもわかるように，予算編成は組織のさまざまな部署に散在している情報を年度計画に反映させる手段でもある。予算の編成過程で行われる情報交換によって，各部門が業務計画を立案する前提が定まり，全社的なコンセンサスが形成されるのである。

　決定権をデシジョン・マネジメントとデシジョン・コントロールに分割する視点からすると，予算管理システムは以下の4つのステップで記述される。

　①**発議**：部門管理者による部門予算案の作成
　②**承認**：トップ・マネジメントによる予算の承認
　③**実行**：部門管理者による予算執行（業務の遂行）
　④**監視**：定期的な業績測定と上司による評価

　参加を前提とする予算編成プロセスは，ここに示されるように，予算案の発議権が部門管理者に与えられることを想定している。このように下から積み上げていく予算編成を**積み上げ方式**ないし**ボトム・アップ型**

という。自部門が発議し決定プロセスに関与したものであれば，公式化された予算が部門目標として受容されやすくなるから，予算編成への参加は目標達成への動機づけに有効であると考えられる。それに対して，トップが発議権を留保し，企業全体の利益目標や戦略計画から部門予算を誘導していくやり方を**天下り方式**ないし**トップ・ダウン型**という。トップのリーダーシップを予算に反映させるにはこの方式が優れている。

　予算に対する役割期待が，主としてデシジョン・マネジメントにある場合には参加型が強調され，デシジョン・コントロールに重きが置かれる場合にはトップ・ダウン型が強調される。また，予算編成に関わる特定情報を部門が所有している場合には，デシジョン・マネジメントのウェイトが高まり，本部が所有している場合にはデシジョン・コントロールのウェイトが高まるであろう。実務的には，双方のメリットを追求できるよう両者の折衷方式を採用する場合が多い。

6.　予算と実績の差異分析

　実績が測定されると予算の達成度が明らかになり，必要に応じて，差異分析が行われる。実際の操業度が予定操業度と食い違った場合，予算許容額を変更せず，当初の予算額と実績を比較する方法を**固定予算**という。売上高予算は固定予算の典型例である。業績評価にあたっていずれの考え方を採用するかは，予算責任者が操業度を管理できるか否かによる。間接部門の管理者にとって生産量が管理不能であるとすれば，製造間接費予算は**変動予算**とすべきであろう。一方，売上高予算を固定予算として扱うのは，販売部門にとって販売量が管理可能であり，固定予算としなければ販売部門が販売量に対する責任を免れることになるからである。

7. 予算の反機能とエイジェンシー・コスト

　予算システムは，ときに，本来の機能ではなく，意図せざる（好ましくない）作用を及ぼすことがある。予算が人々を目標の達成に駆り立てる**圧力手段**（pressure device）として利用される場合，予算責任者のストレスを高め，予算に対する敵対的な態度を生むであろうし，動機づけにマイナスの作用を及ぼすであろう。

　参加型の予算編成は，予算を圧力手段と感じる度合いを減じる効果があり，また，動機づけにも有効であることは前述したところである。しかし，良い面ばかりではない。予算が業績の評価基準になり，その達成度に応じて報酬が変化するという関係があると，評価される当事者には，予算を容易に達成できる水準に誘導しようとするインセンティブが生まれるであろう。販売量を控えめに見積ったり，原価見積や支出見積のなかに無駄や不能率を埋め込んでおく（stuffing）といった情報操作がなされるのはその現れである。そうした駆け引きやごまかしが横行するようになると，部門から提供される情報は信頼できなくなり，誤った情報に基づく相互調整は無意味になるから，予算そのものの規範性が失われる。

　そうしたゲーム的な状況は予算が確定した後にも現れる。最悪の事態は，利益目標を達成するために，法律違反や不正な会計操作が行われるようなケースである[8]。また，法律に違反しないまでも，予算を達成するために，将来の利益を犠牲にする行為を誘発するケースも多様に存在する。数値目標を確保するために，販売価格を操作したり，品質を落として顧客の信頼を損なうような行為はその一例である。あるいは，自部門の予算に固執する行動が，部分的には最適であっても，企業全体の利益にマイナスの影響を与えることもある[9]。こうした行動による企業価

8　経営上層部が関与せずに金額的に重要な会計不正が起こったとすれば，それは組織設計に重大な欠陥のあったことを含意する。

値の減少は，権限委譲を前提にして発生するという意味において，エイジェンシー・コストに該当する。

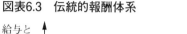

図表6.3　伝統的報酬体系

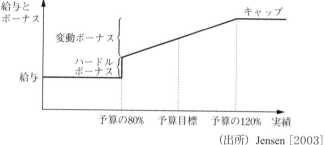

（出所）Jensen［2003］p.11.

　一方，Jensen［2003］は，伝統的な報酬体系が予算を巡るゲーム的状況を誘発する一因になっていると指摘している。図表6.3は，米国企業における伝統的な報酬体系を描いている。実績が一定のハードル水準（例えば，予算目標の80％）に到達しない場合は，固定給しか支払われないが，ハードル水準に達した段階でハードル・ボーナスを受け取る権利が発生する。その後は実績に応じてボーナスが増加するが，一定水準（例えば，予算の120％）に到達した段階で頭打ちになる。このような報酬体系のもとでは，実績がハードル水準に接近すると，それを超えようとする強力なインセンティブが働くが，頭打ちの上限に接近すると，業績を改善する意欲は急速に衰える。もはや報酬の増加に結びつかないからである。仮に期首から10か月が経過した時点で上限に達したとすると，

9　そのような一例として，Brickley, et al.［2001］は次のようなケースを紹介している。大手航空会社の飛行機が整備不良のためにある空港に緊急着陸したが，資格のある整備士がいなかったため，最寄の空港からメカニックを派遣することになった。しかし，要請を受けた現場の管理者は直ちに派遣することを躊躇した。当人の報酬が，企業の利益ではなく，予算を達成したかどうかに関連しており，直ちに派遣する場合，一晩泊まりになって，ホテル代が自分の予算にチャージされることを嫌ったからである。メカニックは翌朝出発し，ホテル代は回避された。しかし，飛行機が一昼夜空港に釘付けになり，運行収入を得る機会が失われた。

残りの2か月は今期に計上すべき業績を次期に先送りする行動を動機づけるであろう[10]。逆に，実績が低迷し，ハードル水準さえクリアーできないことが確実になると，最終業績を一層悪化させても報酬は一定に留まるので，必要以上に大幅な**損切り**をしたり，次年度以降に利益を出やすくする**会計操作**（これをbig bathと言う）を動機づける[11]。

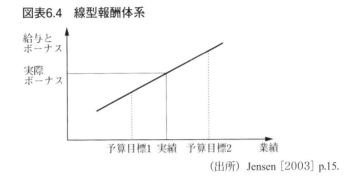

図表6.4　線型報酬体系

（出所）Jensen［2003］p.15.

　上限（cap）と下限（floor）を設ける理由は報酬のリスク（変動性）を軽減することにあると思われるが，Jensen［2003］は，このようなゲーム的な状況を回避するには，報酬を図表6.4のような業績の線型関数にすべきであるとしている。ボーナスは，予算がどこに設定されるかに関係なく，つまり，予算が達成されたかどうかではなく，実績のみに基づいて支払われるとすれば，予算目標を操作すること自体が無意味になるからである。「動機づけは目標によるが，報酬は業績で支払う」という考え方の実践である。もし，このように業績と報酬の関係が事前に決定されているとすると，できるだけ高い業績目標（stretch goal）が実現できるような予算編成を動機づけることになる。つまり，予算がインセ

10　今年度の良好な実績が次年度の予算目標を切り上げるという**歯止め効果**（ratchet effect）が働く場合には，実績を必要以上に改善することを抑制するインセンティブが働く。

11　将来の費用を当期に前倒し，当期の収益を将来に繰延べる会計操作は，当期の損失を膨らませる代わりに，将来の利益を拡大する。

ンティブの影響を受けるのではなく，インセンティブが予算をリードするように両者の影響関係を逆転させることが必要になろう。

年功給が主流であった従来の報酬体系のもとでは，予算業績と管理者報酬の関係は希薄であった。そのため，予算システムが発生させるエイジェンシー・コストも軽微であったと推察される。しかしながら，業績給への移行は，両者の関係の密接化を意味するから，予算システムの反機能が，一層，起こりやすい状況になると考えなければならない。業績・報酬・予算の関係をどのように構築するかが重要な検討課題になる。

[第6章　練習問題]

　ある製品の量販店では，販売員へのインセンティブとして，月次販売量に連動するボーナス・スケジュールとして，下図の（a）凸型と（b）凹型のいずれかの選択を考えている。(a)と(b)のボーナス・スケジュールはいかなる販売行動を動機づけるか。

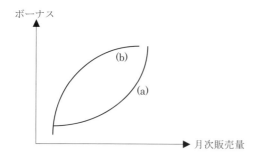

7 | 資本予算（1）
—投資決定ルール—

《目標＆ポイント》　投資決定にはキャッシュフローを用いることに注意しよう。キャッシュフローには時間価値があること，よって，現在価値法や内部収益率法といったDCF法が投資判断に必要なことを理解しよう。
《キーワード》　貨幣の時間価値，現在価値，割引率，資本コスト，DCF法，現在価値法，内部収益率法，税引後キャッシュフロー

1. 資本予算の意義と目的

　株主価値や企業価値の最大化という企業目的に接近する具体的な手段として，長期的な投資（ないし資本支出）に関する意思決定が行われる。長期的な資本支出を管理する予算を**資本予算**（capital budgeting）という。ここで，投資（ないしは資本支出）には，設備をはじめ研究開発，新事業開発，新市場開拓などのほか，関連会社投資，証券投資，在庫投資など，将来収入の増加を期待して行う現在の資本支出の一切が含まれる。

　この種の活動には，一般に，長期間の巨額な資金投入を要し，将来の収益と費用の発生構造を変化させ，企業価値に重大な影響をもたらす。しかも，決定を，一旦，実行に移すと，後で取り消したり，修正するのが困難であるから，企業活動を長期にわたって拘束する。その意味において，資本予算の適否は企業の命運を左右するといっても過言ではない。

　資本予算の編成過程は，複数の投資プロジェクトが提案されること（機

会集合の設定）から始まり，これらの投資案の中から採算のとれるもの
を選択するために，各投資プロジェクトの経済計算（機会原価の算定）
が行われる。ただし，この経済計算には，会計利益ではなくキャッシュ
フローが使われる。また，キャッシュフローは増分（変化額）で表され
る。つまり，投資を行った場合と行わなかった場合に変化するキャッシ
ユのみが，意思決定の関連項目として，分析対象となる。

　投下資本の経済的効果は長期間にわたって発生するから，各期に生じ
るキャッシュフローを単純に加減するのは許されなくなる。「貨幣の時
間価値」と「リスク要因」を無視することになり，意思決定を誤る原因
になるからである。

2. 貨幣の時間価値

　投資決定には時間的な要素が関連する。資本支出が支持されるのは，
投資家に分配できる今期のフリーキャッシュフローを減らす代わりに，
将来，より多額のフリーキャッシュフローが獲得されると期待できるか
らに他ならない。ただし，このようにキャッシュフローが異時点にまた
がる場合，貨幣の時間価値（time value）を考慮することが必要になる。
例えば，「今日１万円もらうのと１年後に１万円もらう」のはどちらが
得であろうか。仮に１万円を年間利子率５％で金融機関に預けると１年
後には10,500円（＝10,000×（１＋0.05））になる。５％で確実に運用で
きるとすると，１年後には１万500円もらわないと今日の１万円とは等
しくならない。逆に，１年後の１万円は9,524円（＝10,000÷（１＋0.05））
になる。

図表7.1　貨幣の時間価値と割引計算

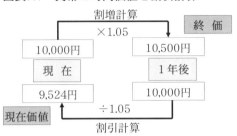

3. 将来価値と現在価値

　前述のように，1万円を年間利子率5％で預け入れると，1年後には$10,000 \times (1 + 0.05) = 10,500$円になる。これを1年複利（年間利子を元金に組み入れる契約）でもう1年預金すると，2年後の元利合計は$10,500 \times (1 + 0.05) = 10,000 \times (1 + 0.05)^2 = 11,025$円になる。一般式では，現在の資金を$P$円，年間利子率を$k$とすると，$t$年後の元利合計$F_t$は，

$$F_t = P(1 + k)^t \qquad\qquad (7\text{-}1)$$

となる[1]。このF_tを**将来価値**または**終価**といい，$(1 + k)^t$を終価係数と呼ぶ。将来価値F_tは次式によって**現在価値**Pに変換される。

$$P = \frac{F_t}{(1+k)^t} \qquad\qquad (7\text{-}2)$$

　ここで，$1/(1 + k)^t$を**現価係数**という（その値は巻末の現価係数表に示されている[2]）。$1/(1 + k) < 1$であるから，現在価値は将来価値よ

1　ダッチ・ウエスト・インド会社が1626年にアメリカ原住民からマンハッタン島を24ドルで買い受けた話は桁外れに安い買い物の例として有名であるが，かの原住民がそのお金を年利率6％の複利で投資していたとすると，n年後の元利合計は$24(1 + 0.06)^n$になる。$n = 395$とすると，2013年末には約2,377億ドルになる。時間価値を考慮して両者が等価であるとすると，桁外れに安い買い物であったとは言えなくなる。

2　例えば，利子率5％で2年後の11,025円の現在価値を求める場合，現価係数表から$11,025 \times 0.9070 = 10,000$円と計算される。

りも小さくなる。したがって，(7-2) 式を**割引計算**といい，kは**割引率**と呼ばれる[3]。

(7-1)，(7-2) 式は，利子率（利益率）kの投資機会をもつ人にとって，現在価値Pとt年後のF_tは等価（無差別）であるという事実を示している。以上を次の例で確認してみよう。

（例７－１） 会計利益と経済的利益

錦鯉への投資を考えてみよう[4]。いま，錦鯉を300,000円で購入でき，年間の飼育費25,000円を前払いし，1年後に340,000円で売却できるとする。この投資は行うべきか否か。ただし，年間利子率を5％とする。この投資案の会計利益を計算すると，利益が15,000円（＝340,000－300,000－25,000）になるから，投資する価値があると判断されるかも知れない。

しかし，キャッシュフローが期首（購入と飼育費の支払）と期末（販売）に発生していることに注意しよう。利子率が5％であるから，錦鯉への投下資本 300,000円の機会原価は1年後 315,000円（＝300,000×1.05）となり，飼育費の機会原価は26,250円（＝25,000×1.05）となる[5]。期末時点の機会原価341,250円と同時点の収益340,000円を比較すると，1,250円の機会損失が生じる。ゆえに，この投資案は棄却すべきである（図表7.2参照）。

図表7.2　貨幣の時間価値（期末時点での評価）

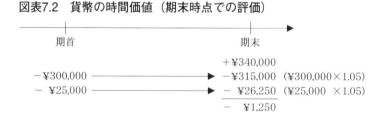

3　ここでは，物価変動がないことを前提にしているが，インフレが予測される場合には，物価の上昇率だけ（名目）利子率を増加させないと，貨幣価値の低下による損失をカバーできなくなるので，物価の上昇率だけ名目利子率は実質利子率よりも高くなる。デフレの場合には，逆の現象が起こる。
4　投資期間中は錦鯉は生きているものと仮定する。

　キャッシュのインフローとアウトフローが発生する時点がこのように異なる場合，貨幣の時間価値を考慮すると，評価時点を合わせることが必要となる。図表7.2では，評価時点を期末に合わせたが，期首に合わせる場合を考えてみよう。期末の売上金額340,000円の期首における価値を P とすると次の関係が成り立つ。

$$P \times 1.05 = 340,000$$

　したがって，

$$P = \frac{340,000}{1.05} = 323,809.5$$

となり，これと同時点の支出額を比較すると，1,190円の損失が生じる（図表7.3参照）。

図表7.3　貨幣の時間価値（期首時点での評価）

　1,190×1.05=1,250となるから，評価時点の違いは時間価値に吸収される。したがって，評価時点を期末に定めても期首に定めても，意思決定が変わることはない。しかし，複数の投資プロジェクトを評価する場合，各プロジェクトの経済命数（horizon）が同じであるとは限らないので，評価時点を現在（本例では期首）に定めるのが合理的である[6]。

4.　現在価値法と内部収益率法

　投資の可否を決定するために，投資からもたらされる効果の測定に

5　錦鯉に投資することは，それらの資金を年間利子率5％で金融機関に預けて収益を得る機会を放棄させるから，機会原価が発生している。

6　キャッシュフローが生じる期間を経済命数という。

キャッシュフローを用い，貨幣の時間価値を考慮する方法は，**DCF法** (discounted cash flow method) と呼ばれ，具体的には**現在価値法**と**内部収益率法**があげられる。

（a）現在価値法

投資案がもたらす年々のキャッシュフローを資本コスト（割引率）で割引いて現在価値を計算し，それから投資の現在価値を控除して**正味現在価値**（NPV：net present value）を求め，NPV > 0 であれば採択し，NPV $\leqq 0$ であれば棄却するという決定ルールである。ここで，**資本コスト**とは，投資資金の調達コストであって，資本提供者が要求する年間利益率によって測定される。

いま，投資の経済命数を n 年，投資額を I_t（$t = 0，1，\cdots，n$，ここで，I_0 は初期投資額，I_1 以降は追加投資額を表す），t 期のキャッシュフローを R_t（$t = 1，2，\cdots，n$），資本コストを k とすると，正味現在価値NPVは次式によって算定される。

$$\text{NPV} = \sum_{t=1}^{n} \frac{R_t}{(1+k)^t} - \sum_{t=0}^{n} \frac{I_t}{(1+k)^t} \tag{7-3}$$

追加投資がない場合は，

$$\text{NPV} = \sum_{t=1}^{n} \frac{R_t}{(1+k)^t} - I_0 \tag{7-4}$$

となる。また，R_t が毎期一定であるとすると，

$$\begin{aligned} \sum_{t=1}^{n} \frac{R_t}{(1+k)^t} &= R\left\{ \frac{1}{1+k} + \frac{1}{(1+k)^2} + \cdots + \frac{1}{(1+k)^n} \right\} \\ &= R\left\{ \frac{(1+k)^n - 1}{k(1+k)^n} \right\} \end{aligned} \tag{7-5}$$

となる。ここで，$\dfrac{(1+k)^n - 1}{k(1+k)^n}$ を**年金現価係数**，R を**年価**（annuity）とい

う。

　例えば，投資額5億円，5年間にわたって毎年1億3千万円の（税引後）キャッシュフローが見込まれる投資案の場合，資本コストを5％とすると，巻末（付表）の複利現価係数表から，NPVは次のように計算される。

$$\text{NPV} = 1.3/(1+0.05) + 1.3/(1+0.05)^2 + \cdots + 1.3/(1+0.05)^5 - 5$$
$$= 1.3 \times (0.9524 + 0.9070 + 0.8638 + 0.8227 + 0.7835) - 5$$
$$= 0.6284 \text{（億円）}$$

　あるいは，巻末の年金現価係数表を参照すると，$k = 5\%$，$n = 5$の年金現価係数は4.3295となるので，次のように計算することができる。

$$\text{NPV} = 1.3 \times 4.3295 - 5 = 0.6284 \text{（億円）}$$

　いずれにせよ，NPVがプラス（NPV $= 0.6284 > 0$）になっているから，この投資案は採択すべきである。

　nを無限大にすると，年金現価係数は$1/k$に収束する。したがって，無限に継続する年金R（永続年金：perpetuity）の現在価値はR/kとなる。

（b）内部収益率法

　投資案の**内部収益率**を求め，それが割引率すなわち資本コスト（要求利益率）を上回れば採択し，下回れば棄却する。ここで，内部収益率（IRR；internal rate of return）とは，投資案のキャッシュフローの現在価値を投資額の現在価値に等しくする（すなわちNPVをゼロにする）割引率をいう。したがって，次式を成立させるrが内部収益率となる（追加投資がない場合）。

$$\sum_{t=1}^{n} \frac{R_t}{(1+r)^t} = I_0 \tag{7-6}$$

　ただし，これを解析的に解くのは困難であるから，試行錯誤（trial and error）によって求めてみよう[7]。例えば，上例において，rを5％

7　表計算ソフトには，内部収益率を求める関数が用意されているので，それを利用すると簡単である。

とした場合，NPVは6,284万円であったから，rの値はもっと大きいはずである。そこで，試しに10％とおくと，年金現価係数は3.791なので，NPV=1.3億×3.791－5億＝－717万円となる。マイナスになったのは割引率が高すぎたためである。そこで，5％と10％の間は直線関係にあると仮定して，補完すると，r＝9.5％（＝5＋（10－5）×6,280/（6,280＋717））となる。この値は5％の資本コストを上回るから，内部収益率法によっても採択すべきであると判断される。

5. 投資案の順位づけ

　相互に独立な投資案を評価する場合には，現在価値法と内部収益率法はどちらを用いても同一の結論に到達する。しかし，同種の代替案が多数提案され，1つを採択すれば自動的に他の案を棄却しなければならないような相互排他的な場合や，資金制約のためにどれかを削らなければならないような資本配分が問題となる場合には，投資案の順位づけが必要となる。そのようなときにはこの2つの決定ルールはときに矛盾する結論を出すことがある。経済命数がいずれも2年で投資額Iが同一である次の2つの投資案AとBを考えよう。いずれも資本コストkは5％とする。

投資案	I	R_1	R_2	r	NPV
A	100万円	10万円	130万円	19%	27.44万円
B	100	100	30	24	22.45

　内部収益率法によればrに注目して，B案が優位に判定されるが，現在価値法によればNPVが大きいA案が上位にランクされる。果たしてどちらの考えに従うべきか。

　このくい違いは，回収した資金Rを再投資する際の利益率の相違から生じている。内部収益率法は利益率rで運用されるのに対し，現在価値法

図表7.4　**NPV**と**IRR**の関係

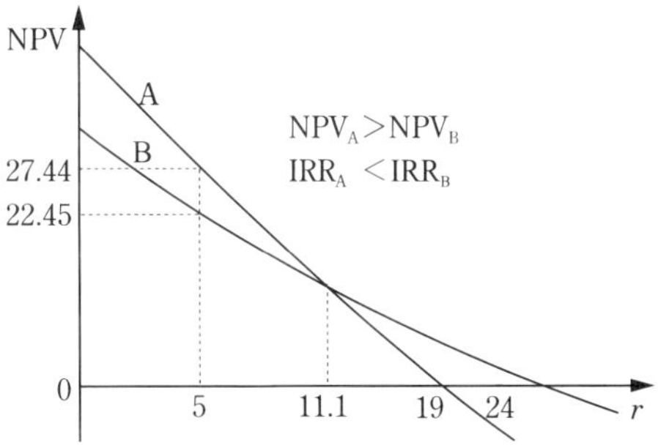

では資本コストkで運用される。このことを確認するために，R_1が再投資されると仮定しよう。そうすると，キャッシュフローの第2年度末の価値は，内部収益率法によれば$R_1(1+r)$になり，現在価値法によれば$R_1(1+k)$となる。これにR_2を加えると第2年度末のキャッシュフローの価値（終価）が計算される。投資案Bについてこれを求めると，内部収益率法では154万円，現在価値法では135万円になる。これをそれぞれの割引率で現在価値に変換し（154×0.6500，135×0.9070），それから投資額Iを控除するとNPVが計算される。内部収益率法ではゼロ，現在価値法では22.45万円になる。この結果は，再投資を明示的に考慮せずに求めた当初の結論に一致する。

　そうすると，いずれの結論を妥当とするかは，再投資利益率としていずれを適切と判断するかに依存することになる。内部収益率法の仮定の下では資本コストを上回る投資機会が他に存在しなければならないが，そのような保証が常にあるわけではない。それに対して資本コストを保証する機会は，その定義から明らかなように他にも存在するはずである。その点で現在価値法の仮定の方がより現実的であると考えられよう。

6. その他の投資決定ルール

現在価値法と内部収益率法の他にも投資の経済性を判定する方法がある。以下に述べる2つの方法は時間価値を考慮しないという点で理論的には承認されないが，計算が平易なため実務ではよく利用される。

（ｃ）会計的投資利益率法

次式で求める投資案の利益率が経営者の指定する水準を上回っていれば採択し，そうでなければ棄却する。

$$平均投資利益率＝平均利益÷平均投資額$$

ここで，平均利益とは投資から生じる毎年の税引後利益の平均値である。

先の投資案について毎年の税引後利益を求めると次のようになる。残存価値をゼロとする定額法による減価償却を行うことにすると，毎年の減価償却費は1億円（＝（5億円－0円）/5年）になる。この投資案が毎年の税引前キャッシュフローをx億円増加させるとすると，税引前利益は（$x-1$）億円増加する。一方，税率を40％とすると，税金の増加額は$0.4(x-1)$億円，税引後利益は$0.6(x-1)$億円になる。税引後キャッシュフローが1.3億円であったから，$(x-0.4(x-1))=1.3$という関係が成り立つ。これを解くと，$x=1.5$になる。したがって，税引前利益は

税引後キャッシュフローの計算

税引前キャッシュフロー	x
減価償却費	1
税引前利益	$x-1$
税金	$0.4\ (x-1)$
税引後利益	$0.6\ (x-1)$
非現金支出費用（減価償却費）	1
税引後キャッシュフロー	$0.6x+0.4$

5 千万円増加し，税金の増加額が 2 千万円，税引後利益は 3 千万円になる。また，5 年間の平均投資額は2.5億円（（5 億円＋ 0 円）／ 2 ）になるから，平均投資利益率は12%（＝0.3億円/2.5億円）となる。

（d）回収期間法

次式で算定される**回収期間**（投資額を回収するのに要する期間）が所定の年数以下であれば採択し，そうでなければ棄却する。

$$回収期間＝投資額÷毎年の税引後キャッシュフロー$$

前例でこれを計算すると，約3.8年（＝投資額 5 ÷税引後キャッシュフロー1.3）となる。なお，キャッシュフローが毎年均一でない時はキャッシュフローを初年度から累積していって投資額に等しくなるまでに要する年月を求めればよい。

回収期間法は回収期間経過後のキャッシュフローを無視するので，投資案の収益性を評価するものではない。それにもかかわらずこのルールがよく用いられるのは，投下資本をできるだけ早く回収しようとする安全志向によるものと考えられる。

7．税引後キャッシュフローの測定

投資案を採択するかどうかの決定は，それがもたらす将来の増分利益（経済的効果：benefit）が投資額（経済的価値犠牲：cost）を上回るか否かによって判定される。ただし，増分利益は発生基準の下で測定される収益－費用によってではなく，投資した場合に発生し，投資しない場合には回避される増分現金収入と増分現金支出の差（キャッシュフロー）として定義されることは前述したとおりである。

先の例で見たように，キャッシュフローと会計上の増分利益は一致しない。両者を乖離させる主たる要因は，減価償却費と法人税である。投資資産の毎年の減価償却費は会計上の費用を構成するが，現金支出を伴

わないから，キャッシュフローには含まれない。他方，利益に対して課される法人税は，現金流出を伴うが会計上の費用には含まれない。このため発生基準で測定される増分収益と増分費用から税引後キャッシュフローを求めるには，減価償却費と税効果の調整が必要となる。資産の売却などがなく，収益が現金流入額に一致し，減価償却費以外のすべての費用が税引前現金流出額に一致すると仮定すると，両者を調整する計算式は次のようになる。

税引後キャッシュフロー＝税引前キャッシュフロー－法人税等

＝収益－減価償却費以外の費用－法人税等

ただし，法人税等＝税率×（税引前キャッシュフロー－減価償却費）

（例７－２）取替投資の是非

当社は，５年前に5,000万円で購入した機械を使用している。この機械は耐用年数10年，残存価額をゼロとする定額法で減価償却されている。当社は目下この取替の是非を検討している。新機械の購入価額は7,500万円，経済命数は５年，５年後の処分価額は100万円と予想される。現有機械と比較して，新機械は毎年の操業費を1,700万円節約する。現有機械は現在2,000万円の処分価額をもっている。新機械も同一の減価償却法を採用する。税率を40％，資本コストを10％とするとき，現在価値法によってこの取替投資の是非を判断せよ。

【解答】

現状の減価償却費控除前営業利益（税引前キャッシュフロー（CF））をyとすると，各年度の税引後CFは以下のように計算される。（単位：万円）

新機械正味投資額：7,500－2,000＝5,500　（単位：万円，以下同じ）

＜第1年度＞	現状①	取替②	差額②－①
税引前CF a	y	y＋1,700	1,700
減価償却費 b	500	1,500	1,000
機械売却損 c	－	500	500
税引前利益 d＝a－b－c	y－500	y－300	200
税金 e	0.4y－200	0.4y－120	80
税引後利益 f＝d－e	0.6y－300	0.6y－180	120
非現金支出費用 g＝b＋c	500	2,000	1,500
税引後CF＝f＋g＝a－e	0.6y＋200	0.6y＋1,820	1,620

（注）機械売却損：帳簿価額2,500－売却額2,000＝500

旧機械は期首に売却するので，売却損は税引後CFに含めた。

＜第2年度～第4年度＞	現状①	取替②	差額②－①
税引前CF a	y	y＋1,700	1,700
減価償却費 b	500	1,500	1,000
税引前利益 d＝a－b	y－500	y＋200	700
税金 e	0.4y－200	0.4y＋80	280
税引後利益 f＝d－e	0.6y－300	0.6y＋120	420
非現金支出費用 g＝b	500	1,500	1,000
税引後CF＝f＋g＝a－e	0.6y＋200	0.6y＋1,620	1,420

＜第5年度＞	現状①	取替②	差額②－①
税引前CF a	y	y＋1,700	1,700
減価償却費 b	500	1,500	1,000
機械売却収入 h	0	100	100
税引前利益 d＝a－b＋h	y－500	y＋300	800

税金 e	0.4y − 200	0.4y + 120	320
税引後利益 f = d − e	0.6y − 300	0.6y + 180	480
非現金支出費用 g = b	500	1,500	1,000
税引後CF=f+g=a+h−e	0.6y + 200	0.6y + 1,680	1,480

キャッシュフローの現在価値：$1,620 \times 0.9091 + 1,420 \times (3.1699 - 0.9091)$
$$+ 1,480 \times 0.6209 = 5,602$$

　正味現在価値（NPV）　　　：$5,602 - 5,500 = 102$

NPV＞0になるので，この取替投資案は実行に値する。

補遺　不確実性下の投資決定

　これまでの論議は，すべての将来キャッシュフローは誤りなく予測できるという前提の下で展開された。つまり，確実性下の投資決定問題が扱われてきたわけである。しかし，現実には，将来キャッシュフローを確実に予測できるケースはむしろ稀であろう。そこで本節では，将来キャッシュフローが確率的にしか予測できない場合には，これまでの決定ルールにどのような修正が必要になるかを論じることにしよう。

　いま，900万円を支出して1年後にキャッシュフローR_1が，それぞれ，等しい確率（0.5）で600万円か1,400万円のいずれかになる投資案Aを実行するか否かを検討しているとしよう。投資案Aの期待キャッシュフローは，

$$E(R_1) = 0.5(600) + 0.5(1,400) = 1,000（万円）$$

となる。この投資案の正味現在価値はいくらになるであろうか。これまで述べてきたように，それを求めるには割引計算が必要になるが，その際にどのような割引率を適用するかが問題となる。割引率に関して，これまで，われわれは，「今日の1万円は明日の1万円よりも価値がある」

という経験則に従って，時間価値のみを考慮してきた。しかし，確実な
アウトフロー（$I = 900$万円）に不確実なインフロー（$E(R_1) = 1,000$万円）
が対応するこの投資案Aのように，キャッシュの質（確実性ないしリス
ク）が異なる場合には，時間要因に加え，リスク要因を考慮すること
が必要になる。そのために，「安全な1万円は不確実な1万円よりも価
値がある」という経験則に基づいて，リスクの（負の）価値を考慮する
ことにしよう。この考え方に従えば，キャッシュフローの期待値が同じ
であっても，リスクが大きくなるほど適用する割引率は高くなることが
わかる。リスクが大きくなるほど，それを補償するために，より大きな
利益率が要求されるからである。

　意思決定者にとって不確実なキャッシュフローと同じ満足（効用）を
もたらす確実なキャッシュフローを**確実性等価**（CE：certainty
equivalent）という。第14章で述べるように，意思決定者がリスクに無
関心（リスク中立）である場合には，将来キャッシュフローRの期待値
$E(R)$と確実性等価CE(R)は一致するが，リスクを嫌悪する場合，
CE$(R) < E(R)$となる。また，リスクを嫌悪する度合いが強まるほど，
両者の差は拡大し，CE(R)は小さくなる。

　ここで，投資案Aの期待キャッシュフロー1,000万円に対する意思決
定者の確実性等価を958万円，また，確実なキャッシュフローに対する
割引率r_F（これを無リスク利子率ないしリスクフリーレート[8]という）
を5％と仮定しよう[9]。そうすると，期待値と確実性等価の関係は現在
価値に置き換えると，次式に表される。

8　リスクフリーレートは，実行可能なもっとも安全な投資から得られる利子率を
　意味するので，国債の利回りが用いられることが多い。ただし，国債も満期日に
　応じて利回りが異なるので，通常は10年ものの中期国債の利回りが採用される。
9　第14章で紹介するリスク回避的効用関数として，$U(R) = \sqrt{R}$とすると，確実性
　等価CEは，次式を解いて求められる。
$$\sqrt{CE} = 0.5\sqrt{6,000,000} + 0.5\sqrt{14,000,000}$$
　これを解くと，CE ≒ 9,580,000になる。

$$\frac{E(R_1)}{1+r_A} = \frac{CE(R_1)}{1+r_F}$$

$$\frac{1,000}{1+r_A} = \frac{958}{1+0.05}$$

これをr_Aについて解くと，$r_A = 9.6\%$となる。このように，$CE(R_1)$ $<E(R_1)$ という関係は，割引率で表すと，$r_A > r_F$という関係に置き換わる。この割引率r_Aを**リスク調整割引率**（risk adjusted rate）という。2つの割引率の関係は，一般に次のように表される。

$$r_A = r_F + リスクプレミアム \tag{7-7}$$

本例では，9.6％＝5％＋4.6％になるので，リスクプレミアムは4.6％になる。リスク調整割引率が判明したので，投資案Aの正味現在価値は次式になる。

$$\begin{aligned} NPV &= \frac{E(R_1)}{1+r_A} - I \\ &= \frac{1,000}{1+0.096} - 900 = 912.4 - 900 = 12.4 \; (万円) \end{aligned} \tag{7-8}$$

期待キャッシュフローの現在価値（912.4万円）は「確実」な金額に修正されているので，確実な支出Iと比較可能になっていることに注意しよう。NPVが正になっているので，投資案Aは採択に値すると判断される。(7-8) 式は一般式では次のように表される[10]。

$$NPV = \sum \frac{E(R_t)}{(1+r_A)^t} - I \tag{7-9}$$

キャッシュフローの不確実性を割引率で調整するこの方法を**リスク調整割引率法**という。

投資案の正味現在価値は確実性等価を用いて求めることもできる。この方法を確実性等価法という。その場合はリスクがすでに除去されてい

10　各期のキャッシュフローR_tのリスクが異なるとすれば，r_Aは一定ではなく，期毎に変動する（r_{At}）と考えなければならない。

るから，割引率は r_F でなければならない。したがって，次式が成立する。

$$\text{NPV} = \frac{\text{CE}(R_1)}{1+r_F} - I$$
$$= \frac{958}{1+0.05} - 900 = 912.4 - 900 = 12.4 \text{（万円）}$$

(7-10)

上式を一般化すると，次式で表される。

$$\text{NPV} = \sum \frac{\text{CE}(R_t)}{(1+r_F)^{t+1}} - I$$

　リスクの大きさが意思決定に及ぼす影響を明らかにするために，もう1つの投資案を考えよう。投資案Bは，1年後のキャッシュフロー R_1 が，等しい確率でゼロ円か2,000万円になるという点を除いて，投資案Aと全く同じであるとすると，この投資案はどのように評価されるであろうか。その期待キャッシュ $E(R_1)$ は1,000万円（＝0.5（0）＋0.5（2,000））になり，投資案Aと同一であるが，リスクが著しく大きくなるため，確実性等価は投資案Aよりも小さくなる。その事実を反映して，$\text{CE}(R_1)$ ＝500万円とすると[11]，リスク調整割引率 r_A は，次式より，110％になる。

$$\frac{1,000}{1+r_A} = \frac{500}{1+0.05}$$

　したがって，投資案BのNPVは，リスク調整割引率法によると，

$$\text{NPV} = \frac{1,000}{1+1.1} - 900 = -423.8 \text{（万円）}$$

となる一方，確実性等価法による場合は，次式になる。

$$\text{NPV} = \frac{500}{1+0.05} - 900 = -423.8 \text{（万円）}$$

　NPVが負になるから，棄却すべきと判断される。キャッシュフローの期待値は同じであっても，リスク（キャッシュフロー R の変動性）が

11　$\sqrt{\text{CE}} = 0.5\sqrt{20,000,000}$ を解くと，CE ＝500万円になる。

高すぎるためである。

　最後に，投資案のリスクの大きさは，キャッシュフローの分散 $\sigma^2(R_1)$ $(=E(R_1-E(R_1))^2)$，ないし，標準偏差 $\sigma(R_1)$ によって測定されることを付言しておこう。

投資案A：

$$\sigma^2(R_1) = 0.5\,(6{,}000{,}000 - 10{,}000{,}000)^2 + 0.5\,(14{,}000{,}000 - 10{,}000{,}000)^2$$
$$= 16 \times 10^{12}$$
$$\sigma(R_1) = \sqrt{16 \times 10^{12}} = 4{,}000{,}000$$

投資案B：

$$\sigma^2(R_1) = 0.5\,(0 - 10{,}000{,}000)^2 + 0.5\,(20{,}000{,}000 - 10{,}000{,}000)^2$$
$$= 10^{14}$$
$$\sigma(R_1) = \sqrt{10^{14}} = 10{,}000{,}000$$

[第7章 練習問題]

（1） 利率年7％，返済期間5年という条件で500万円を借入れた。各年度末に均等額を5回払いで支払うとすると，毎期の返済額はいくらになるか。

（2） 現在検討中の設備投資案は次のA案とB案の二つである。A案およびB案の投資額と年々の税引後キャッシュフローは，次のように予測されている（単位：万円）。

年度	A案	B案
0	−20,000	−20,000
1	4,000	6,000
2	4,000	6,000
3	6,000	6,000
4	8,000	6,000
5	8,000	6,000

　なお，年度0というのは現時点を意味しており，マイナスはキャッシュ・アウトフローを意味している。A案とB案が相互排他的（片方を採用するともう一方が採用されない）投資案であるとすると，どちらの投資案が採用されるべきか。会社が設備投資に対して要求する利益率（資本コスト）は10％である。

8 | 資本予算（2）
―資本コスト―

《**目標＆ポイント**》　資本コストの意義を理解しよう。続いて源泉別資本コストの算定と加重平均資本コストの算定ができるようにしよう。また，資本構成が資本コストひいては企業価値にどのような影響を与えるかを学習しよう。

《**キーワード**》　資本コスト，機会原価，源泉別資本コスト，株主資本コスト，資本資産価格形成モデル（CAPM），加重平均資本コスト（WACC），MM理論

1. 資本コストの意義

　前章では，投資決定ルールに資本コストが重要な役割を果たすことを明らかにした。すなわち，現在価値法では，投資案の将来キャッシュフローを現在価値に変換する際の割引率として，内部収益率法では，投資案が充足すべき最小限の利益率として，この概念が用いられた。株主，債権者などの投資家は，他企業に投資する機会を放棄して資本を投入しているのであるから，当該資金を事業活動に投下する場合，放棄した投資機会から得られたであろう利益率（機会原価）を補償しなければ，投資家に誤った意思決定をさせることになるからである。この必要最低限の利益率が**資本コスト**（cost of capital）である。資本コストは，通常，投下資本に対する年間利益の割合（年率）で表される[1]。

　資本コストを実際よりも過大に計測する場合は，本来ならば採択すべき投資案を棄却し，評価すべき業績にペナルティを課すという誤りを犯して価値創造の機会を失う。逆に，資本コストを過小に計測する場合は，

---

[1]　投資家にとっての利益は，企業から見ればコストを意味する。本書では，資本コストを「率」を表す概念として用い，金額を表す場合は資本費用（capital charge）という用語を用いる。

棄却すべき投資案を採択し，咎めるべき業績に報奨を与えるという誤りを犯して価値破壊を招く。正確な測定が要求される所以である。

　本章では，最初に源泉別の資本コストを概説し，加重平均資本コストの算定方法を説明する。ついで，資本構成の相違が企業価値と加重平均資本コストに及ぼす影響をMM理論に依拠して解説し，負債利用が節税効果と財務リスクの上昇という2つの効果をもつことを明らかにする。

2. 源泉別資本コスト

（1）負債の資本コスト

　負債コストの測定は比較的容易である。借入金額，借入期間，利率などが契約で取り決められ，それを遵守することが強制されるからである。一般的には，負債コスト k_D は次式を満足する値として定義される。

$$I_D = \frac{cD}{1+k_D} + \frac{cD}{(1+k_D)^2} + \cdots\cdots + \frac{cD}{(1+k_D)^n} + \frac{D}{(1+k_D)^n} \qquad (8\text{-}1)$$

　ここで，I_D は借入額，n は契約期間，c は契約金利，D は元金（償還金額），cD は支払利息である。つまり，負債コストは債権者からのキャッシュインフローと債権者への将来キャッシュアウトフローの現在価値を等しくする割引率である[2]。これは企業からの見方であるが，債権者から見るとインフローとアウトフローが逆転し，I_D は投資額（債券価額），k_D はコストではなく利回りになる。また，契約の締結時点ではすべてのパラメータが確定するが，締結後は市場の金利動向に応じて投資家が売買する債券価額 I_D（時価）は変動する。測定すべき負債コストは，契約時点のヒストリカル・レートではなくカレント・レート（時価）である点に注意しよう。満足させなければならないのは，契約時の債権者ではなく，現在の債権者であるからである。なお，赤字企業でない限り支払

2　例えば，額面100円（表面金利10%），償還期間5年の社債を額面100円につき93円で割引発行した場合，資本コスト k_D は，次式で求められる。

　　$93 = 10/(1+k_D) + 10/(1+k_D)^2 + \cdots\cdots + 10/(1+k_D)^5 + 100/(1+k_D)^5$

　　これを解くと，$k_D \fallingdotseq 0.12$ と計算される。

利息には節税効果があるので，加重平均する際は税引後が用いられる。税率をτとすると，税引後負債コストは（$1-\tau$）k_Dになる。

（2）優先株の資本コスト

　無期限に償還されない優先株を発行して資金を調達する場合には（8-1）式と同一の方法をとることができる。I_pを優先株の市場価額，dを約定配当金，資本コストをk_pとすると，dが永久年金になるので，次式が成立する。

$$I_p = \frac{d}{k_p} \tag{8-2}$$

　なお，配当金は損金に算入されないから税効果はない。

（3）普通株の資本コスト

　普通株コストの測定は負債や優先株よりも厄介である。調達資本に対してどれだけの対価を払うかが事前に特定されていないからである。しかし，投資家に自社株の購入を促し，株主に投資の継続を要請するには，必要最低限の利益率を保証しなければならない。それが普通株の資本コストである。それでは投資家が要求する利益率を決定する要因は何であろうか。彼らはリスク回避的であるから，利益率は負担するリスクを補償するに足るものでなければならない。国債に投資する場合は，（満期まで保有すれば）投資額は確実に回収されるから，リスクを負担しないときの利益率（**貨幣の時間価値**）しか得られない。これを**安全利子率**（risk free rate）という。それに対して，株主に帰属するフリーキャッシュフローや株価は不確実に変動し，資金回収にリスクが伴うから，投資家はそれを補償する追加的な利益率を要求する。これを**リスクプレミアム**という。ただし，株式投資に関わるリスクの一部は，ポートフォリオ理論

が教えるように，分散投資によって回避できるから，投資家が正当に要求できるリスクプレミアムは分散投資によっても回避できない部分だけになる。このリスクを**システマティック・リスク**，分散可能なリスクを**アンシステマティック・リスク**という。

　このように，リスクのある普通株を保有するすべての投資家は，リスクのない投資から得られるリターンを超えるリターンを要求するものであるという，リスクとリターンのあるべき関係を説明するのが**資本資産価格形成モデル**（CAPM：capital asset pricing model）である。CAPMによれば，j社の普通株資本コストk_{Sj}は次式のように安全利子率とリスクプレミアムに分解される。

$$k_{Sj} = r_f + \beta_j(E(r_m) - r_f) \tag{8-3}$$

　ここで，r_fは安全利子率，β_jはj証券のシステマティック・リスク，r_mは**市場ポートフォリオ**の投資利益率，$E(r_m)$はその期待値である。市場ポートフォリオとは市場で売買できるすべてのリスク証券に時価の相対比で分散投資をするときのポートフォリオをいう。$E(r_m)$はリスク証券の平均利益率を表すから，$E(r_m) - r_f$は市場ポートフォリオのリスクプレミアムとなる。以下これを**市場リスクプレミアム**と呼ぶ。

　システマティック・リスクβ_jは次式のように定義される。

$$\beta_j = \frac{\text{cov}(r_j, r_m)}{\text{var}(r_m)} \tag{8-4}$$

　ここで，r_jはj証券の利益率，$\text{cov}(r_j, r_m)$はr_jとr_mの共分散，つまり両者が共に変動する程度を表し，$\text{var}(r_m)$はr_mの分散，つまり，r_m自身の変動性を表す[3]。$\text{cov}(r_m, r_m) = \text{var}(r_m)$であるから，市場ポートフォリオのシステマティック・リスクβは1になる。つまり，リスク1単位当たりのプレミアムが$E(r_m) - r_f$であるから，$\beta_j(E(r_m) - r_f)$がj証券のリスクプレミアムになるのである。図表8.1はCAPMを図示している。

3　$\text{cov}(r_j, r_m) = \rho_{jm}\sigma_j\sigma_m$，$\text{var}(r_m) = \sigma_m^2$とすると（$\rho_{jm}$は$r_j$と$r_m$の相関係数，$\sigma_j$は$r_j$の標準偏差），$\beta_j = \rho_{jm}\sigma_j/\sigma_m$と表すこともできる。なお，$-1 \leqq \rho_{jm} \leqq 1$である。

図表8.1　CAPM：$k_{Sj} = r_f + \beta_j (E(r_m) - r_f)$

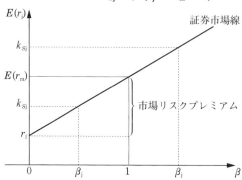

右上がりの直線は**証券市場線**と呼ばれ，その傾きは $(E(r_m) - r_f)$ である。$\beta < 1$ はリスクが市場平均よりも低いことを示す。たとえば，$\beta = 0.7$ の株式は，平均株価が10％下落（上昇）しても7％しか下落（上昇）しないと期待される。逆に，$\beta > 1$ の株式はリスクが市場平均よりも大きく，例えば，$\beta = 2$ の株式は，平均株価が10％上昇（下落）すると20％上昇（下落）すると期待される。証券市場線は β_j に応じて期待収益率（すなわち資本コスト）k_{Sj} がどのように変化するかを示している[4]。

4　調査時点や測定方法の相違などにより統計資料は一定していないが，市場リスクプレミアムはアメリカでは5〜6％水準にあり，わが国の平均はそれよりも若干低く3〜4％と言われる。たとえば，新井富雄，渡辺茂，太田智之『資本市場とコーポレートガバナンス』（中央経済社，1999）の調査によれば，1970年1月から1998年3月までのTOPIX（東証株価指数）のリターン（配当込み）と10年国債利回りのそれぞれの幾何平均は年率で8.860％と6.336％となっており，市場リスクプレミアムは2.524％と計測される（p.106）。β_j は，公開企業については各種の調査機関から公表されており，CD-ROMやインターネットなどから入手可能である。未公開企業については，同一産業に属する類似の公開企業の β を参考にすることができる。

3.　加重平均資本コスト

　企業全体の資本コストは，源泉別資本コストを資本構成比で加重平均
して求められる。例えば，企業資本が社債，優先株，普通株の3つの源
泉から調達され，それぞれの構成比を W_D，W_P，W_Sとすると，**加重平
均資本コスト**（WACC：weighted average of cost of capital）は次式に
よって求められる。ただし，$W_D + W_P + W_S = 1$である。

$$\text{WACC} = (1 - \tau)k_D W_D + k_P W_P + k_S W_S \tag{8-5}$$

　構成比の計算は，調達資本の簿価をベースにするか時価をベースにす
るか2つの考え方があるが，源泉別の資本コストは簿価ではなく時価で
測定すべきであるという考え方からすれば，時価ベースによるのが首尾
一貫した方法となる。数値例で計算過程を示そう。

（資料）

　①社債の額面価額 5,000万円（額面@100円，50万口，時価@98円），

　　クーポンレートc：年率5％，利息：毎年末1回払い，満期償還：

　　3年後，税率：40％

　②優先株の発行株数2.2万株（株価500円）

　　1株当たりの配当金：20円

　③普通株の発行株数10万株（株価400円）

　　β：0.8　　r_f：4％　　　市場平均収益率：7％

この前提のもとでは，資本構成は以下のようになる。

調達源泉	数　量	価　格	金　額	構成比
社　債	500,000	98	49,000,000	0.49
優先株	22,000	500	11,000,000	0.11
普通株	100,000	400	40,000,000	0.4
投下資本時価			100,000,000	1

（ a ） k_D の計算：$4,900 = \dfrac{250}{1+k_D} + \dfrac{250}{(1+k_D)^2} + \dfrac{5,250}{(1+k_D)^3}$

上式を解くと，$k_D = 5.75\%$ になる。

（ b ） k_P の計算：$k_P = \dfrac{20}{500} = 4\%$

（ c ） k_S の計算：$k_S = 4 + 0.8 \times (7 - 4) = 6.4\%$

（ d ） WACCの計算：$(1 - 0.4)\, 5.75 \times 0.49 + 4 \times 0.11 + 6.4 \times 0.4 = 4.69\%$

4. 資本構成と企業価値

　負債の利用は加重平均資本コストWACCや企業価値 V にどのような影響を与えるであろうか。ノーベル賞経済学者のモジリアーニとミラー（MM：F. Modigliani and M. Miller）が展開したいわゆるMM理論に依拠してこの問題を分析しよう。現状の経営構造のもとで，毎年，減価償却費に相当する取替投資を継続していけば，毎期同額の利益が生じる定常状態を想定し，また，毎期の利益は全額株主に配当すると仮定しよう。記号の説明は以下のとおりである。

　　D：負債（社債）の市場価値　　k_D：税引後負債コスト

　　S：資本（普通株）の市場価値　　k_S：税引後株主資本コスト

　　V：企業価値（$V = D + S$）　　k：税引後加重平均資本コスト WACC

　　X：毎期の期待営業利益　　R：支払利息

　　P：毎期の期待税引前利益（$= X - R$）

　　τ：税率

　　F：毎期の期待フリーキャッシュフロー

　負債コスト k_D は，本節では，次式のように税引後と仮定する[5]。

5　債権者と株主は，それぞれ，毎期 $(1 - \tau)R$ と $(1 - \tau)P$ のキャッシュフローを得るから，それぞれの現在価値は，$D = (1 - \tau)R/k_D$，$S = (1 - \tau)P/k_S$ となる。

$$k_D = (1-\tau)\frac{R}{D} \qquad\qquad (8\text{-}6)$$

$$k_S = (1-\tau)\frac{P}{S} \qquad\qquad (8\text{-}7)$$

$$k = (1-\tau)\frac{X}{V} \qquad\qquad (8\text{-}8)$$

ここで，$X = R + P$であり，(8-6)，(8-7) 式より，$X = (k_D D + k_S S)/(1-\tau)$となるから，これを (8-8) 式に代入すると次式になる。

$$k = \frac{k_D D + k_S S}{V} = k_D\left(\frac{D}{V}\right) + k_S\left(\frac{S}{V}\right) \qquad (8\text{-}9)$$

上式は，kがk_Dとk_Sの資本構成比による加重平均コストWACCであることを示している。$V = D + S$を上式に代入して整理すると次式になる。

$$k_S = k + \frac{(k-k_D)D}{S} \qquad\qquad (8\text{-}10)$$

無借金（$D = 0$）であれば，$k_S = k$となるのは自明である。その場合，株主は営業利益の変動性に由来するリスクだけを負担する。このリスクを**営業リスク**（business risk）という。売上の変動性，売上の変化率に対する営業利益の変化率の相対比（営業レバレッジ）などがこれに影響を与える。

負債の利用は株主資本コストにどのような影響を与えるであろうか。kは営業リスクを含んでいるが，k_Dはリスクのない利子率と考えてよいから，$k > k_D$となり，$k - k_D$はプラスになる。ゆえに，(8-10) 式は，負債比率（D/S）が高くなるほど株主資本コストが高くなることを示している。投下資本を同一とすれば，負債利用が進むほど株主資本が減少し，株主資本1単位当たりのリスク負担が増大するからである。このリスクを**財務リスク**（financial risk）という。

　以上から，負債の利用には節税というプラス効果のほかに財務リスクを増大させるというマイナス効果のあることがわかった。それでは，全体としての効果はどうだろうか。それは，企業価値Vと加重平均資本コストkに及ぼす影響として現れる。そこで，無借金会社をU(unlevered)，負債会社をL（leveraged）という添字で区別してそれぞれの企業価値を求めよう。各社のフリーキャッシュフローの期待値Fは次式になる[6]。

$$F_U = (1-\tau)X$$
$$F_L = (1-\tau)(X-R)+R = (1-\tau)X+\tau R$$

U社とL社の税金は，それぞれ，τX，$\tau(X-R)$であるから，フリーキャッシュフローはL社の方が負債の節税額τRだけ大きくなることがわかる。そうすると，各社の企業価値は次式になる。

$$V_U = \frac{F_U}{k_U} = \frac{(1-\tau)X}{k_U} \tag{8-11}$$

$$V_L = \frac{(1-\tau)X}{k_U} + \frac{\tau R}{\left(\dfrac{R}{D}\right)} = V_U + \tau D \tag{8-12}$$

　k_Uは，営業リスクのみを負担するときの株主資本コストであったから，$(1-\tau)X$をk_Uで資本化すれば，無借金会社の企業価値V_Uが求まる。借金会社の企業価値V_Lはどうであろうか。F_Lは，$(1-\tau)X$とτRというリスクの異なる2つのキャッシュフローから構成されている[7]。前者はU企業と同一であるからk_Uで資本化し，後者は，節税額であり，確定キャッシュフローであるからリスクのない割引率(R/D)で資本化する。かくして，借金会社の企業価値Vは，毎年の節税額τRを資本化した金額（τD）だけ高くなることがわかる。これが借金をする

6　F_Lのうち，$(1-\tau)(X-R)$は株主が受け取る配当金であり，Rは債権者が受け取る利息である。要するに，営業利益から税金を引いた残りが株主と債権者に分配する原資となる。

7　F_Lもk_Lも負債の節税効果を反映しているから，F_Lをk_Lで資本化するのは誤りである。節税効果が重複計算されるからである。

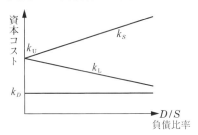

図表8.2　負債利用と資本コスト

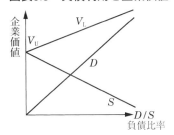

図表8.3　負債利用と企業価値

ことのメリットである。

k_U と k_L の大小関係はどうなるであろうか。(8-8) 式より, 企業価値は,

$$V_U = (1 - \tau)X/k_U$$
$$V_L = (1 - \tau)X/k_L$$

であり, $V_U < V_L$ より, $k_L < k_U$ となることがわかる。つまり, 節税効果による平均資本コストの低下が企業価値の増加をもたらすのである。これがMM理論の結論である。以上の関係が図表8.2と図表8.3に示されている。

　ところで, 負債利用が加重平均資本コストを低め, 企業価値を高めるという理屈からすると, すべての資本を負債で調達するのが合理的となる。しかし, そのような財務政策が現実的でないのは明らかである。MM理論では市場の完全性を仮定し, 投資資金が回収できなくなるような事態は想定外に置いているが, 現実には, 負債依存度が高まると財務破綻を招く可能性が高まり, 倒産のコストや倒産を避けるためのコストが発生する。そうした事態が予測されるとすると, 負債利用が進むと負債コストも上昇すると考えなければならない。したがって, 現実的には負債利用には上限が存在する。図表8.4は k_D の上昇に応じて平均コスト k が下降から上昇に転ずる姿を描いている。また, 図表8.5は, k が最小に

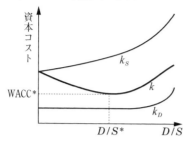

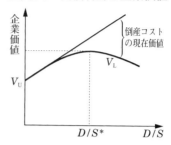

なる点（D/S^*）で企業価値が最大になることを示している。つまり，D/S^*が最適な資本構成になるのである。

[第8章　練習問題]

次の資料にもとづいて，加重平均資本コスト（WACC）を計算しなさい。

（資料）

（1）社債の額面80億円（時価76億円），約定金利：年率5％，利息：毎年末1回払い，満期償還：2年後，税率：40％

（2）優先株の発行株数1.6万株（株価5,000円）1株当りの配当金：300円

（3）普通株の発行株数500万株（株価6,000円）

　　　β：1.2　r_f：3％　市場平均収益率：8％

9 | 業績指標の選択

《**目標＆ポイント**》 企業経営における業績指標の重要性を認識し，どのような特性を備えた業績指標が望ましいかについて理解しよう。また，企業全体の業績指標は企業内部で内生的に与えられるものではなく，株主と経営者のエイジェンシー関係によってもたらされるものである点を学習する。
《**キーワード**》 企業価値，株主価値，資本コスト，EVA（経済付加価値），MVA（市場付加価値）

1. 業績指標選択の重要性

　第1章では，企業の目的を株主価値の最大化であると定義した。この株主価値を機軸に据えた経営を行うには，株主が負担するリスクに見合った利益があげられたかどうか，株主価値が創造されたかどうかを明らかにする業績指標が必要となる。

　企業目的に適う業績指標が選択され，その達成のための意思決定を支援し，あらかじめ定められた業績評価ルールに基づいて業績評価するのが管理会計の役割である。しかし，どれだけ精巧な管理会計システムを設計したとしても，業績指標が企業目的を正しく反映していないとすれば，それは誤った業績指標が選択されたことになり，それよって組織全体がミスリードされ意図しない方向へ進んでしまうであろう。

　これまで，**会計利益や1株当たり利益**（EPS：earnings per share），**自己資本利益率**（ROE：return on equity）といった業績指標が唱えら

138

れてきたが，これら伝統的な業績指標はこの期待に応えるものであろうか。

2. 企業価値と株主価値

会計利益や1株当たり利益（EPS），自己資本利益率（ROE）といった代表的かつ伝統的な業績指標が株主の期待に応えるものなのかどうかを検証する前に，「株主価値」そのものを定義しておこう。

株主や債権者が企業に投資するのは，投資額を上回る資金を将来回収できると期待するからに他ならない。投資家が企業に対して保有する請求権（資本資産）の価値は，企業が将来生み出すキャッシュフロー[1]から新規投資額を差し引いた残額，すなわち投資家に分配できるキャッシュフロー——これを**フリーキャッシュフロー**（FCF：free cash flow）という——の総額によって定まる。

加重平均資本コスト（WACC：weighted averaged capital cost）をk，t期のフリーキャッシュフローの期待値（平均値）をFCF_tと表すと，その現在価値は$\dfrac{\mathrm{FCF}_t}{(1+k)^t}$となる。投資家が受け取る将来のフリーキャッシュフローの現在価値の合計が投資した価値になるので，これを**企業価値**（MV：market value）と呼ぶ。

$$\mathrm{MV} = \frac{\mathrm{FCF}_1}{1+k} + \frac{\mathrm{FCF}_2}{(1+k)^2} + \frac{\mathrm{FCF}_3}{(1+k)^3} + \cdots = \sum_{t=1}^{\infty} \frac{\mathrm{FCF}_t}{(1+k)^t} \tag{9-1}$$

企業全体のフリーキャッシュフローは債権者と株主とに分配される[2]（$\mathrm{FCF}_t = \mathrm{D}_t + \mathrm{S}_t$）。債権者に分配されるキャッシュフロー$\mathrm{D}_t$の現在価値合計を**負債価値**（DV：debt value），株主に分配されるキャッシュフロー

1　キャッシュフロー（現金流列）は，キャッシュインフロー（現金流入）からキャッシュアウトフロー（現金流出）を差し引いたネットで定義される。

S_tの現在価値合計を**株主価値**（SV：shareholder value）という。したがって，次式が成立する。また，これを図にすると図表9.1のようになる。

企業価値MV＝負債価値DV＋株主価値SV　　　　　　　　　　(9-2)

　それぞれのキャッシュフローはリスクが異なるので，現在価値に変換する場合，D_tに対してはk_D，S_tに対してはk_Sというリスクに見合った資本コストが適用される。なお，債権者が要求する資本コスト[3]k_D（市場金利）が負債契約を結んだときの契約金利と大差がない場合は，負債の時価は簿価に近似するので，企業価値から負債簿価を控除すれば株主価値が求められる。

図表9.1　企業価値と株主価値

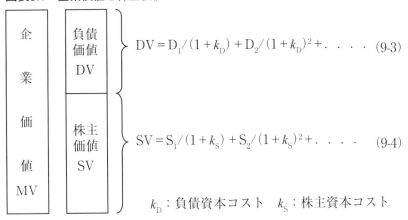

$$DV = D_1/(1+k_D) + D_2/(1+k_D)^2 + \cdots \quad (9\text{-}3)$$

$$SV = S_1/(1+k_S) + S_2/(1+k_S)^2 + \cdots \quad (9\text{-}4)$$

k_D：負債資本コスト　　k_S：株主資本コスト

2　債権者への分配額には元金返済と支払利息が含まれ，株主への分配額には配当金や自社株消却などが含まれる。フリーキャッシュフローがマイナスになる場合は，債権者から新たな負債が調達されるか，株主から新たな資金が調達されると解釈することができる。
3　ここで，資本コストとは，投資資金の調達コストであって，資本提供者が要求する年間利益率によって測定される。

それでは，数値例で（9-1）式の値が与えられたとき，（9-2）式も同じ値になるか確認してみよう。

単純化のために，負債は同一利率で毎年借り替えていくと仮定する。D_tを50万円，k_Dを5％，と仮定しよう。（9-3）式にこの数字を当てはめると，先ず，負債価値を計算することができる。毎期均等のキャッシュフローの場合，その割引現在価値は，キャッシュフローを資本コストで割ると求められる。

したがって，

DV ＝50万円／0.05＝1,000万円

となる。

次に，株主価値を計算しよう。ある企業の毎年（$t＝1，2，3\cdots$）の税引前営業利益が500万円と期待されるとすると，50万円は債権者に分配されるので，株主に帰属する分は450万円になる。税率を40％とすると，税引後で株主に帰属する分は270万円（$＝(1-0.4)\times450$万円）になる。k_Sを13.5％と仮定すると，株主価値は次のように計算される。

SV ＝270万円／0.135＝2,000万円

よって，(9-2) 式より，企業価値MV ＝1,000万円（DV）＋2,000万円（SV）＝3,000万円となる。

この計算は，債権者および株主の立場からの計算であった。次に企業側から計算してみよう。

税引前営業利益は500万円であったから，この企業のフリーキャッシュフローFCF$_t$は300万円（$＝(1-0.4)\times500$万円）と計算される[4]。次に，このキャッシュフローを割引くための加重平均資本コスト（WACC）を計算しなくてはならない。資本構成比が時価で1：2なのでWACCは次のように求められる。

WACC ＝$(1-0.4)\times5$％$\times1/3+13.5$％$\times2/3=10$％

4　ここでは，減価償却費と取替投資額が等しく，新規投資を行わないと仮定しているので，税引後営業利益とFCFが等しくなっている。FCF ＝営業キャッシュフロー－投資額＝（税引後営業利益＋減価償却費）－（新規投資額＋取替投資額）。

したがって,（9-1）式より MV＝300万円／0.1＝3,000万円となり,（9-1）式と（9-2）式が成立することを確認することができた。

3. 業績指標の検討（1）─会計利益，1株当たり利益（EPS），自己資本利益率（ROE）

数値例を使って各業績指標を検討してみよう。

（ベンチマーク）

議論を単純にするために,簿価1,000万円の株主資本から構成される企業を考える。また,この企業の損益計算が次のように要約されるとする。

営業収益	3,000万円
営業費用	2,700万円
営業利益	300万円
税金（税率40％）	120万円
税引後営業利益	180万円

　現状維持のもとで,今後もこの損益計算が永続すると仮定する。資本コストを10％とし,**税引後営業利益**（NOPAT：net operating profit after tax）がフリーキャッシュフローに一致し,毎期その全額（180万円）を配当することにする。そうすると,株主価値（＝企業価値）は1,800万円（＝180万円／0.1）になる。発行済み株式数を100株とすると,株価は18万円（＝1,800万円／100株）,1株当たり利益（EPS）＝1.8万円,自己資本利益率（ROE）＝18％（＝180万円／1,000万円）になる。

（ケース1：資本コストが同じ増資案）

　既存事業を拡大するために運転資本に200万円投資して,10％の税引前営業利益率を維持する（営業収益200万円－営業費用180万円）案を考

142

えてみよう。そのときの予想損益は以下のようになる。

営業収益	3,200万円
営業費用	2,880万円
営業利益	320万円
税金（税率40%）	128万円
税引後営業利益	192万円

　税引後営業利益（NOPAT）が毎期12万円増加するが株主はこの投資案を歓迎しないだろう。なぜならば，この運転資本投資によって株主価値はグロスで1,920万円（＝192万円／0.1）になるが，株主は新たに200万円の追加資金を払わなくてはならないので，ネットの株主価値は1,720万円に低下するからである。この投資案の公表によって，株価は17.2万円に下落し，株主は1株につき0.8万円の損失を被る。この株価を所与とすると，200万円の資金を調達するには11.6株（＝200万円／17.2万円）の新株発行が必要となる。その結果，発行済株式総数は111.6株になり，EPS＝1.72万円（＝192万円／111.6株），ROE＝16.0%（＝192万円／1,200万円）となる。

　会計利益の増加が株主価値の減少をもたらすため，会計利益を業績指標とすることは望ましくないことが分かる。逆に本ケースでは，EPSやROEは株主価値と連動している。

（ケース２：資本コストが異なる増資案）

　既存事業に加えて，新たに190万円の投資をして毎期60万円（＝営業収益300万円－営業費用240万円）の税引前営業利益をもたらすと期待される新事業を開始する案を考えてみよう。

営業収益	3,300万円
営業費用	2,940万円

営業利益	360万円
税金（税率40％）	144万円
税引後営業利益	216万円

　新事業はNOPATの期待値を36万円増加させるが，既存事業よりもはるかにリスク（営業利益の変動性）が大きく，そのため新事業のコストは20％に高まると仮定しよう。そうすると，株主価値は180万円（＝36万円／0.2）増加し，既存事業との合計で1,980万円になる。しかし，株主は新たに190万円を払わなくてはならないから，ネットの株主価値は1,790万円に低下する。株価は17.9万円に下落し，株主は1株につき0.1万円の損失を被るので，この投資案も実行すべきではない。

　この株価を所与とすると，190万円の資金を調達するには10.6株（＝190万円／17.9万円）の新株発行が必要となり，発行済株式総数は110.6株となる。よって，EPS＝1.95万円（＝216万円／110.6株），ROE＝18.2％（＝216万円／1,190万円）となり，株主価値を破壊する投資案にもかかわらず，いずれの指標ともベンチマークの数値を上回ってしまっている。

（ケース3：リストラ案）

　運転資本を250万円節約して既存事業の利益を1割削減するリストラ案を考えてみよう。これを実施したときの予想損益は以下のようになる。

営業収益	2,800万円
営業費用	2,530万円
営業利益	270万円
税金（税率40％）	108万円
税引後営業利益	162万円

税引後営業利益が18万円減少するので，グロスの株主価値は1,620万

円（＝162万円／0.1）に低下する。しかし，運転資本の節約額250万円が株主に返還されるので，ネットの株主価値は1,870万円に増加する。株主価値が増加するので，このリストラ案は実行すべきである。本ケースでは発行株数が変化しないので，EPS=1.62万円と低下するが，ROE＝21.6%（＝162万円／（1,000万円−250万円））に上昇する。

　以上，会計利益，1株当たり利益（EPS），自己資本利益率（ROE）を業績指標とする場合を考察したが，いずれの指標も株主価値と逆行する動きを示す場合があることが確認できた。

4. 業績指標の検討（2）─EVA

　前節では，会計利益，1株当たり利益（EPS），株主資本利益率（ROE）などの伝統的な業績指標は株主価値（ひいては企業価値）の増減を正確に反映しないことを例証した。特に絶対額としての会計利益は株主価値に逆行する可能性の高いことが明らかになった。(9-1) 式で定義されるように，企業価値には，（a）フリーキャッシュフロー（FCF），（b）投資額（＝調達額），（c）資本コスト（リスク）の3つの要因が影響を与える。（a）は損益計算に反映されるが，完全には反映されない。現金基準ではなく，費用は発生基準，収益は実現基準で認識・測定されるため，利益とキャッシュフローの間に喰い違いが生じるのである。現金の未収額と未払額は貸借対照表に表示されるので，キャッシュフローの測定にはそれらの調整が必要となる。（b）は，貸借対照表には表示されるが損益計算書には表示されない。（c）については，負債の資本コストは支払利息という科目で損益計算書に表示されるが，株主資本コストはどこにも表示されない。それはなぜであろうか。株主資本コストは機会原価であるため，支出原価を対象とする費用計算から除外されたと解するこ

ともできるし，残余請求権者という株主の視点からは，資本コストを敢
えて控除する意味がなかったからとも考えられる。いずれにしても，損
益計算書に表示されないからといって，それが存在しないことを意味す
るわけではない。しかし，表示されないために経営者のコスト意識が薄
れてしまうおそれがある。

　このように考えると，経営者が伝統的な業績指標に基づいて意思決定
をする場合，株主の利益を損ねる危険性が残っていることになる。重要
なのは会計利益ではなく株主価値なので，これを正確に写し出す業績指
標が必要となる。

　期間業績と株主価値（および企業価値）との連動性を高めるには，上
記の３つの要因を反映できるように損益計算を修正することが必要とな
る。(a) については既述のように貸借対照表との調整によって問題を解
決できるが，(b) (c) についてはどうであろうか。

　資本費用（CC：capital charge）（＝加重平均資本コストWACC×投
下資本B）を計算し，これを税引後営業利益NOPATから差し引くとい
うのが，その解決策である。つまり，投資額とリスクの大きさは資本費
用の大きさに変換されるので，この指標はコストとベネフィットを対比
するすべての要素を反映したものとなる。

　資本費用を控除した後の利益は，一般に**残余利益**（RI：residual
income）と呼ばれる。この業績指標は決して新しいものではなく，事
業部業績の測定尺度として1950年代にゼネラル・エレクトリック社に
よって提唱された利益概念である。残余利益は，投下資本が効率よく運
用されているかどうかを絶対額で表すという点で，比率尺度である**資本
利益率**（ROI：return on investment）に内在する問題点を克服している。
それにもかかわらず，この利益概念が支配的な実務に定着しなかったの
は，経営者の資本コストに対する意識が希薄であったこと，資本コスト

を測定する説得力のある手法が確立されていなかったことなどの理由が
考えられる。

　残余利益の概念を精緻化して**EVA®**（economic value added：**経済
付加価値**）という名称の下に新たな業績指標を提唱したのが米国のコン
サルタント会社のスターン・スチュアート社（Stern Stewart & Co.)
である。EVAはスターン・スチュアート社の登録商標であり，企業の
経済付加価値を測る実務的な尺度になっている。以下では，次式で定義
される業績指標をEVA（経済付加価値）と総称することとする。

$$\textbf{EVA} \equiv \textbf{税引後営業利益NOPAT} - \textbf{投下資本簿価} \times \textbf{資本コスト} \quad (9\text{-}5)$$

　この概念は経済的利益（economic income / economic profit）とも呼
ばれている。投資家（株主および債権者）に配分できる利益（NOPAT）
が投資家の要求する平均的利益（資本費用）を上回れば，市場平均を上
回る超過利益（付加価値）が生じるから，投資が成功した証となる。マ
イナスのEVAは，機会損失が生じるので，資金を他に振り向けた方が
良かったというシグナルになる。

　前節の数値例で各ケースのEVAを計算すると図表9.2のようになる。
なお，ΔEVAはベンチマークと各ケースとの差を表し，MVは企業価値，
ΔMVはネットの企業価値をそれぞれ表している。

図表9.2　EVAと企業価値（MV）

	ベンチマーク	ケース1	ケース2	ケース3
EVA	$180 - 1{,}000(0.1) = 80$	$192 - 1{,}200(0.1) = 72$	$216 - 100 - 38 = 78$	$162 - 750(0.1) = 87$
ΔEVA	———	$12 - 200(0.1) = -8$	$36 - 190(0.2) = -2$	$-18 + 250(0.1) = 7$
MV	$180 / 0.1 = 1{,}800$	$192 / 0.1 = 1{,}920$	$1{,}800 + 180 = 1{,}980$	$162 / 0.1 = 1{,}620$
ΔMV	———	$120 - 200 = -80$	$180 - 190 = -10$	$-180 + 250 = 70$

このようにEVAは，ネットの企業価値の増減と同一の動きを示していることが分かる。したがって，EVAを業績指標として判断基準に据えることが株主価値経営を行う前提条件となる。

5. EVAとMVA

t期の経済付加価値をEVA_tと表すと，EVA_t（$t=1, 2, ...$）の現在価値合計（すなわち，将来獲得される付加価値の現在価値）を**市場付加価値**（**MVA**：market value added）という（次式）。

$$MVA = \frac{EVA_1}{1+k} + \frac{EVA_2}{(1+k)^2} + \frac{EVA_3}{(1+k)^3} + \cdots = \sum_{t=1}^{\infty} \frac{EVA_t}{(1+k)^t} \qquad (9\text{-}6)$$

この式から，毎期のEVAの増加（減少）はMVAを拡大（縮小）させることがわかる。さらに，投下資本BとMVAの合計は企業価値MVに一致することが知られている（次式）。

企業価値MV＝投下資本B＋市場付加価値MVA $\qquad$ (9-7)

（9-6）式のEVA_tは，将来の予測値であるので，客観的には測定することができない。ゆえに同式で求められるMVAも客観的な数値ではない。しかし，企業価値MVの方は，公開企業であるかぎり，資本市場においてその時価（負債時価＋株式時価）が形成されているので，毎日変動しているとはいえ，その客観値が存在する。したがって，理論値に対応するMVAの実際値は，企業価値（市場価値）から投下資本簿価を控除して計測される（図表9.3参照）。ゆえに，市場付加価値を外部尺度とすれば，経済付加価値は内部尺度と位置づけることができる。

MVAにはどのような意味を与えられるであろうか。投下資本は投資家が企業にインプットした価値（簿価）であるのに対して，企業価値は投資を止めたときに回収できるアウトプット価値（時価）である。した

148

がって，MVAは企業がネットでどれだけの価値を創造したか，破壊したかを示す指標となる。価値が創造されるか否かは経営陣の手腕にかかっているので，MVAは経営陣の力量を総合的に判断するのに最適な指標であると言える。

図表9.3　企業価値MV，市場付加価値MVA，
　　　　　投下資本Bの関係

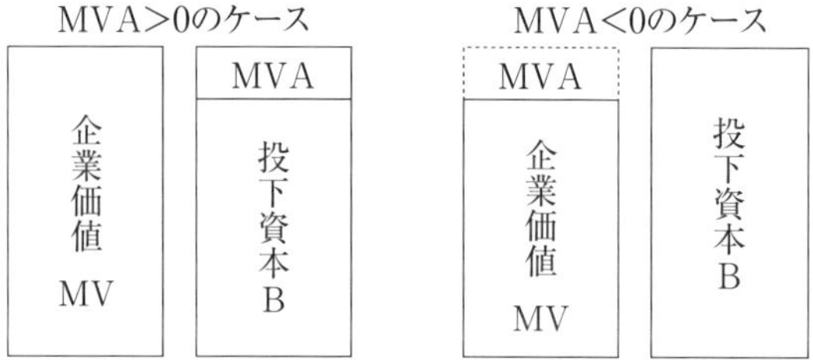

MVA>0のケース　　　　　　MVA<0のケース

| 企業価値MV | MVA投下資本B | MVA企業価値MV | 投下資本B |

先ほどの数値例でMVAを計算すると次のようになる。

図表9.4　市場付加価値（MVA）

	ベンチマーク	ケース1	ケース2	ケース3
MVA	1,800 − 1,000=800	1,920 − 1,200=720	1,980 − 1,190 = 790	1,620 − 750 = 870

6. EVAによる投資意思決定

（1）現在価値法

第7章で述べたように，投資の可否を決定するために，投資からもたらされる効果の測定にキャッシュフローを用い，貨幣の時間価値を考慮する方法として現在価値法があげられる。

前述の数値例における投資案の正味現在価値を計算すると次のようになる。

図表9.5　正味現在価値（NPV）

	ケース１	ケース２	ケース３
NPV	$-200+12/(1+0.1)+12/(1+0.1)^2+\cdots=-200+12/0.1$ $=-80$万円	$-190+36/(1+0.2)+36/(1+0.2)^2+\cdots=-190+36/0.2$ $=-10$万円	$250-1.8/(1+0.1)-1.8/(1+0.1)^2+\cdots=250-1.8/0.1=$ 70万円

　各ケースのNPVは，前述したネットの企業価値（ΔMV）の増減を表している（NPVに資本コストを乗じるとΔEVAの金額になることも確認しよう）。ベンチマークの発行株数100株で除して１株当たりのNPVを求めると株価の変化額に一致する。このことからもNPVの最大化はネットの企業価値の最大化と同義であることが確認できる。これを一般式で確認してみよう。

　(9-1) 式より企業価値MVは次のように定義された。

$$MV=\frac{FCF_1}{1+k}+\frac{FCF_2}{(1+k)^2}+\frac{FCF_3}{(1+k)^3}+\cdots=\sum_{t=1}^{\infty}\frac{FCF_t}{(1+k)^t} \tag{9-8}$$

　ここで，会計期間における貸借対照表上の純資産の増減額（資本取引は除く）が，対応する期間の損益計算書上の純損益と等しくなるという**クリーン・サープラス関係**を利用する。t期末の純資産簿価をA_t，t期の会計利益をI_tとすると，クリーン・サープラス関係は次のように表現できる。

$$I_t=FCF_t-(A_{t-1}-A_t) \tag{9-9}$$

　これを (9-5) 式に代入すると，

$$EVA_t=I_t-kA_{t-1}=FCF_t-(1+k)A_{t-1}+A_t \tag{9-10}$$

よって，

$$FCF_t=EVA_t+(1+k)A_{t-1}-A_t \tag{9-11}$$

(9-1) 式に (9-11) 式を代入すると，

$$\mathrm{MV} = \sum_{t=1}^{\infty} \frac{\mathrm{EVA}_t + (1+k)\,\mathrm{A}_{t-1} - \mathrm{A}_t}{(1+k)^t}$$

$$= \sum_{t=1}^{\infty} \frac{\mathrm{EVA}_t}{(1+k)^t} + \left(\mathrm{A}_0 - \frac{\mathrm{A}_1}{1+k}\right) + \left(\frac{\mathrm{A}_1}{1+k} - \frac{\mathrm{A}_2}{(1+k)^2}\right) + \left(\frac{\mathrm{A}_2}{(1+k)^2} - \cdots\right) + \cdots$$

$$= \mathrm{A}_0 + \sum_{t=1}^{\infty} \frac{\mathrm{EVA}_t}{(1+k)^t}$$

$$= \mathrm{A}_0 + \mathrm{MVA} \tag{9-12}$$

（9-12）式の関係をconservation propertyという。

（9-12）式から企業価値を増加させるにはMVAを増加させればよいことが分かる。また，MVAはEVAの増加によってもたらされる。したがって，EVAを業績指標に据えて業績評価を行うことが望ましい。

［第9章　練習問題］

問題1　A社の今期の損益計算書は次のように要約される（単位：億円）

営業利益	150
支払利息	50
税引前利益	100
税金（40％）	40
税引後利益	60

今期首の資産は1,500億円（＝正味負債1,000億円＋株主資本500億円）である。

また，税引後加重平均資本コストを8％とする。

問1　次の指標を計算しなさい。

（1）NOPAT　（2）EVA

問2　今期の業績が今後も永続するという前提のもとで，次の指標を計

算しなさい。
(1) MVA　(2) 企業価値

問題2　今期首に900万円をある設備（耐用年数3年）に投資すると，今後3年間にわたって，毎期末に450万円の税引前キャッシュフローをもたらす投資案がある。投資した場合，残存価値を0円とする定額法償却を行う予定である。税率40％，資本コスト8％として，次の問に答えなさい。

問1　この投資によって，各期の (1) 税引後営業利益（NOPAT），(2) 税引後キャッシュフロー，(3) EVAはどれだけ増加するか，計算しなさい。

問2　この投資案の，(1) NPV，(2) MVA，を求めなさい。

10 | 株主価値を高める事業戦略

《目標&ポイント》 EVA（経済付加価値）を業績指標とした場合，どういう事業戦略が有効かを理解しよう。また，リストラが肯定的に捉えられる根拠について学習しよう。

《キーワード》 EVA，NOPAT（税引後事業利益），投下資本簿価，資本コスト，リストラ

1. EVAを増加させる4つの類型

前章では，株主価値ひいては企業価値の最大化という企業の目的を達成するための業績指標としてEVA（経済付加価値）が優れている点を明らかにした。

それでは，株主価値を高めるには，どのような経営手段が考えられるであろうか。本章では，これを個別計画の視点から分析する。以下では，EVAを増加させる手段を検討することにしよう。企業のいかなる組織単体においてもその手段は無数にある。それらは以下の4つのパターンに分類される。

（類型1） NOPATの増大

他の条件を一定とすれば，NOPAT（税引後営業利益）の増大は同額だけEVAを増加させる。例えば，広告費を1,000万円投入して売上総利益を1,500万円増やす提案がなされたとする。税引前利益がそれによって500万円増加するから，税率を40％とすると，NOPATは300万円増加

する。支出と収入の時間差が短期間であって，資本費用を無視できると
すれば，EVAは300万円増加する。つまり，（類型１）は資本的支出を
伴わずにNOPATを高める方法であり，購買，製造，販売などの幅広い
日常業務における改善がこの類型に属する。具体的には次のような項目
である。

　（a）販売量の拡張による売上の増大

　（b）製造原価や仕入原価の低減による売上利益の改善

　（c）販売費・管理費の削減による営業利益の改善

　（d）周到なタックスプランによる節税の実現

　ここで，会計利益とキャッシュフローの関係に注意しておかなければ
ならない。棚卸資産の評価方法や減価償却などの会計方法の選択によっ
て会計上の利益は変化する。それに応じて税金が変化し，税引後キャッ
シュフローが影響を受ける。既に見たように，企業価値を決定するのは
会計利益ではなく税引後のキャッシュフローであったから，会計利益を
大きくするために，キャッシュフローを減少させるような会計方法を選
択すべきでないことは明らかである。したがって，外部報告の対象とな
る会計利益を「捻出」するために会計方法を変更するといった操作は，
会計原則に違反するだけでなく，企業価値経営に逆行する行為であるこ
とを指摘しておかなければならない。

（類型２）　投下資本利益率が資本コストを上回る投資案の実行

　投下資本利益率rが資本コストkを上回る投資案を実行することに
よって，EVAは増大する。$(r-k) \times$投資額がEVAの増加額となる。例
えば，現在，10億円の投下資本で年間２億円のNOPATを獲得している
とすると，投下資本利益率は20％となり，資本コストを10％とすると，
EVAは１億円になる。新たに，毎年1.5億円のNOPATを生み出す（リ

スクの等しい）事業を10億円で買収する計画が提案されたとしよう。この投資案の利益率は15％であり，資本コストを上回っているから，実行すべきである。EVAは，それによって毎年5,000万円増加する。

　ただし，買収後の平均資本利益率は17.5％（＝3.5／20）に低下する。資本コストを超えている限り，平均利益率が低下したこと自体を問題視する必要はない。往々にして平均値へのこだわりは意思決定を誤らせる原因となる。問題は提案される投資案件の利益率（より厳密に言えば，限界利益率）が資本コストを上回るかどうかである。

（類型３）　不用資産の処分ないし不採算事業からの撤退による投下資本の削減

　他の条件を一定とすれば，投下資本の削減は資本費用の節約を通じてEVAを改善する。例えば，在庫や売上債権の削減によって年間1,000万円の運転資本を節約できるとしよう。資本コストを10％とすれば，節約額を投資家に返還するか，同率で運用する機会があるとすれば，EVAは100万円増加する。持合株式，ゴルフ会員権，遊休資産などの不要資産の売却処分によるEVAの改善もこの類型に属する。業務の外部委託，購買からリースへの切替え，債権や不動産の証券化などもこの類型に入るが，より直接的な投下資本の削減策としては，株主配当の増額や自己株消却などによる内部留保の削減が有力な手段となる。

（類型４）　資本コストの引下げ

　平均資本コストの引下げは，資本費用の節約額だけEVAを増加させる。資本コストの引下げは，採択可能な投資機会を増やすという直接的効果だけでなく，目先の利益に対する将来利益の相対的重要性を高める効果もある。つまり，資本コストは将来利益の割引率であったから，そ

れが低くなることは，近視眼的な行動の相対的な優位性が低下すること
を意味する。企業全体の資本コストをいかに引下げるかは，直接的には
財務担当役員の職務である。しかし，資本コストはリスクの大きさを反
映するから，事業に関連するビジネス・リスクをいかに削減するかは，
あらゆる事業部門に関連する課題といえる。

　次節では，（類型３）に属する不採算事業からの撤退（リストラ）の
問題を論議する。リストラは，ヒト（雇用），モノ（設備），カネ（借金）
が過大に積み上がり，高コスト体質に陥った日本企業が，近年，最も精
力的に取り組んできた課題である。

2.　リストラの経済分析

　リストラ（リストラクチャリング：restructuring）とは事業の再構
築を意味し，具体的には事業の撤退，固定費の削減および有形固定資産
の整理などのことをいう。つまり事業の見直しを行い，不得手な分野か
ら手を引いたり，発展が見込めない市場から退出することであるので，
「後退」，「退却」という用語から後向きのイメージが浮かびやすい。し
かし，リストラもれっきとした企業戦略である。負のイメージが先行し
たのは，リストラを積極的に評価する業績指標がないためであると言え
よう。EVAを業績指標に選択するとリストラの積極的な評価が可能と
なる。

　複数の事業部からなる企業全体の年間業績とF事業部の年間業績が図
表10.1のように予測されており，この業績見積りは現在の環境条件が大
きく変化しない限り次年度以降も続くと予測される。F事業部の営業利
益はマイナス１億円になっており，今後も改善の見込みがない。この事
業部は廃止すべきか，継続すべきであろうか。

　事業部を廃止すると，事業部収益は全額失われるが，費用も発生しな

図表10.1　予想損益と投下資本簿価　(単位：億円)

	企業全体		F事業部	
営業収益		100		30
営業費用				
変動費	60		26	
固定費	30	90	5	31
営業利益		10		△1
税金（税率40％）		4		△0.4
NOPAT		6		△0.6
税引後支払利息		1.2		
税引後利益		4.8		
投下資本簿価		50		10

くなるとすれば，1億円の営業損失を回避することができる。しかし，本部費や人件費などの固定費部分は，他部門に移転する形で発生し続けるのが普通である。そのような回避不能固定費が1.5億円あるとすると，この費用は廃止するか否かの意思決定に無関連になるから，関連原価(すなわち回避可能原価）は，全部で29.5億円（＝変動費26億円＋固定費3.5億円）になる。そうだとすると，この事業部は企業全体のNOPATに3千万円貢献していることがわかる。

NOPAT（0.3億円）＝収益30−営業費用29.5−税金0.2　　　(10-1)

それでは，この事業部は廃止しない方がよいのであろうか。会計利益（NOPAT）がプラスであるというだけでは正しい判断はできない。肝心なのはEVAがプラスになるかどうかである。つまり，3千万円のNOPATを獲得するのにどれだけの資本費用が発生しているかである。この事業部の投下資本簿価が10億円であるから，当社およびF事業部の資本コストkを10％とすると，この事業部を継続する場合，EVAは毎期7千万円のマイナスになる。

EVA（−0.7億円）＝NOPAT（0.3億円）−0.1×資本（10億円）(10-2)

　事業部に対する10億円の投下資本が毎年 7 千万円ずつ失われると予想されるため，事業部価値の理論値 V は 3 億円（＝10−0.7／0.1）に低下する。

　それでは，事業部を廃止したときのEVAはどのようになるであろうか。その計算には，廃止によって生じるキャッシュフローを把握することが必要になる。運転資本の回収額や他に転用できない資産の売却額が収入になる一方，清算に伴う人件費などの臨時的な支出が発生する。また，資産の売却額が簿価よりも低い場合には処分損が発生し，（当社のように黒字企業の場合）これに税率を適用した金額だけ税金が節約（還付）されるから，キャッシュフローが生じる。以下では，事業資産の売却・清算に伴い，最終的に現金が4.6億円回収されると仮定しよう[1]。そうすると，次の（仕訳 1 ）のように，税効果後の処分損（これを**リストラ損失**と総称する）は5.4億円になる。

（仕訳 1 ）（借方）現　　　　　金　　4.6億　　（貸方）事　業　資　産　　10億
　　　　　　　　　リストラ損失　　5.4億

　リストラ損失5.4億円は株主の投下資本を同額だけ減少させる。回収した現金4.6億円は株主に返還すると，F事業部に関連する資産と資本はすべてゼロになる。

　この会計処理を前提にすると，撤退した年度の事業部EVAはリストラ損失のみが発生するからマイナス5.4億円になり，それ以降はゼロになる。

（撤退した年度）EVA（−5.4億円）＝ NOPAT（−5.4億円）−0.1×資本（ 0 ）

1　ここでは，資産売却収入から清算に伴う現金支出を控除した残額が 1 億円になったという前提が置かれている。そうすると，清算に伴う損失は 9 億円になるから，税率40％のもとでは，この損失計上に伴う節税額は3.6億円になる。仕訳では，この税効果が即座に現金化されると仮定して，合計4.6億円の現金が回収されると想定しているわけである。

（それ以降の年度）　EVA（0）＝NOPAT（0）−0.1×資本（0）　　　（10-3）

　さて，継続か廃止かのいずれを選択すべきであろうか。（10-2）式と（10-3）式は直接比較することはできないので，それぞれを資本化してMVAに変換しよう。そうすると，継続は株主価値を7億円（＝0.7／0.1）減少させるのに対して，廃止は5.4億円の減少で済むことがわかる。ゆえに，廃止することが株主価値を高める決定となる。

　しかし，（10-2）式と（10-3）式のEVA流列にはこの判断を覆す要因が潜んでいる。廃止した年度の業績指標が△0.7億円から△5.4億円に悪化することが報酬の大幅なダウンに繋がるとすれば，これを避けようとする誘因が働くからである[2]。撤退がこのように業績指標を悪化させる原因は，売却する資産の簿価にある。しかし，簿価は事業を継続するか否かにかかわらず発生する埋没原価であり，この意思決定には無関連であるから[3]，リストラ損失はこの意思決定に影響を与えるべきではない。その意味において，（10-3）式は簿価ベースの計算になっている。

　簿価が無関連であるのに対して，資産の売却金額（時価）は，継続する場合には放棄し，撤退する場合には獲得できるキャッシュフローであり，この意思決定に関連している。したがって，（10-2）式と正しい比較を行うには，撤退後のEVAをキャッシュベース（時価ベース）で計算することが必要となる。図表10.2はその結果を示している。A欄は事業を継続するときの簿価ベースの姿，B欄は事業を継続するときのキャッシュベースの姿，C欄は撤退後の姿（A−B）を示している。次式がそれである。

　　　EVA（−0.54億円）＝NOPAT（0）−0.1×資本（5.4億円）　　（10-4）

　つまり，キャッシュベースで計算すれば，撤退するときの毎期の

2　とくに，責任者の残りの任期が短い場合にそのような誘因が強まる。
3　撤退する場合は，撤退時点で簿価の全額が損失処理されるのに対し，継続する場合は，減価償却を通じて毎期の営業費用に配分される。いずれであれ，株主資本を減少させる総額は変わらない。ただし，時間価値の相違があることは認識しておくべきである。

図表10.2　事業継続か撤退かの経済分析　　(単位：億円)

	A欄 (現状)	−B欄 (継続)	＝C欄 (撤退後)
(1) NOPAT	0.3	0.3	0
(2) 投下資本	10	4.6	5.4
(3) 利益率 r	3%	6.52%	0%
(4) 資本コストk	10%	10%	10%
(5) $r-k$	−7%	−3.48%	−10%
(6) EVA	−0.7	−0.16	−0.54
(7) MVA	−7	−1.6	−5.4
(8) V	3	3	0

EVAはマイナス5,400万円になる。これを (10-2) 式と比較すると，継続よりも撤退がEVAを毎期1,600万円増加させるから，EVAの改善額を業績評価基準に定めておれば，撤退を選択させるであろう。

　図表10.2のB欄において，事業を継続する場合の投下資本が機会原価 (時価) で測定されていることに注意しよう。つまり，事業の継続は毎期３千万円のNOPATを獲得する代わりに，4.6億円の現金を得る機会を放棄させる。この機会原価を認識すると，F事業部のMVAはマイナス1.6億円 (＝0.3/0.1 − 4.6) になる。撤退によってそれを回避できるのである。

　C欄は撤退後も株主が拠出した5.4億円の資本が残存し続けることを示している。それは当初の投下資本10億円から現金の返還額4.6億円を控除した残りであるから，先の (仕訳１) が示すように，その実態はリストラ損失である。したがって，簿価ベースの損益計算をキャッシュベースに修正するには，次の仕訳によってリストラ損失 (資本のマイナス勘定) を取り消し，リストラ資産 (資産勘定) に同額を振り戻すことが必要になる。

(仕訳２)　(借方) リストラ資産　5.4億　(貸方) リストラ損失　5.4億

図表10.3　撤退による全体業績の変化　　　　　（単位：億円）

	キャッシュベース			簿価ベース		
	企業全体	−F事業部	=撤退後	企業全体	−F事業部	=撤退後
(1) NOPAT	6	0.3	5.7	6	0.3	5.7
(2) 投下資本	50	4.6	45.4	50	10	40
(3) 利益率 r	12%	6.52%	12.56%	12%	3%	14.25%
(4) 資本コストk	10%	10%	10%	10%	10%	10%
(5) $r-k$	2%	−3.48%	2.56%	2%	−7%	4.25%
(6) EVA	1	−0.16	1.16	1	−0.7	1.7
(7) MVA	10	−1.6	11.6	10	−7	17
(8) V	60	3	57	60	3	57

　つまり，事業部の廃止によって生じる損失は新たな投資（資産の取得）が行われたものと見なして，これを資産に繰り延べるのである。

　図表10.3は，撤退によって企業全体の業績がどのように変化するかをキャッシュベースと簿価ベースで比較できるように示している[4]。いずれにおいても，撤退によって投下資本と企業価値との差であるMVAが増加している。問題は，簿価ベースによる方がEVAとMVAの値が大きくなる点にある。それは，株主資本の切捨て額の増大によるものであって，経営者や従業員の努力によってもたらされたものではない。一方，キャッシュベースによる場合，リストラ投資という資産勘定に対応して株主の拠出額が資本勘定に残る。簿価ベースのように投下資本を帳消しにしない代わりに，リストラ投資という負の遺産を背負うことによって，毎年5.4千万円の資本費用を負担しなければならないのである。これは資本を帳消しにしない代償であり，過去の投資が失敗したことを失念させないようにするための「課徴金」と解することもできる[5]。

　しかしながら，リストラ資産勘定は実質のない資産であり，これを計

4　撤退によって企業価値Ｖが３億円減少するのは，株主に4.6億円返還する一方，EVAの改善により市場付加価値が1.6億円増加することによる。
5　株主資本を全額帳消しにする簿価ベースの方が将来の利益が出やすくなり，見かけ上の会計数値の改善が再びムダや不能率を誘発する余地をつくる。「課徴金」はそうした事態を招かないようにする工夫でもある。

図表10.4　キャッシュベースから簿価ベースへの移行

（単位：億円）

	撤退時	1年後	2年後	3年後
(1) NOPAT	5.7	5.7	5.7	5.7
(2) 投下資本	45.4	43.6	41.8	40.0
(3) r	12.56％	13.07％	13.64％	14.25％
(4) k	10％	10％	10％	10％
(5) $r-k$	2.56％	3.07％	3.64％	4.25％
(6) EVA	1.16	1.34	1.52	1.7
(7) MVA	11.6	13.4	15.2	17.0
(8) V	57	57	57	57

上し続けるかぎり制度会計との間にギャップが存在し続ける。それに伴う事務処理上の煩雑さを考慮するならば，この擬制資産を適切な期間内に償却することが考えられる。仮に3年間で均等償却をすると，その間のNOPATは次の仕訳のように毎年1.8億円ずつ減少する。

（仕訳3）（借方）リストラ資産償却　1.8億　（貸方）リストラ資産　1.8億

　図表10.4は，この処理によって償却負担がなくなる4年後にキャッシュベースから簿価ベースへの移行が完了することを示している。
　ところで，本例において撤退すべしとする結論になったのは，簿価10億円の事業資産が4.6億円で現金化できることを前提にしている。他の条件を一定として，回収額の変化はどのような影響を与えるであろうか。回収額が4.6億円よりも大きくなれば，撤退がさらに有利になるのは明らかである。この事業資産は毎年3千万円のNOPATを稼ぐから，その現在価値は3億円である。ゆえに回収額がそれを下回れば，事業継続の機会原価が小さくなり，事業の継続が有利となる[6]。逆に，NOPATが大きなマイナスになるほど業績不振が深刻な場合には，撤退に伴い現金

6　図表10.2のB欄（2）投下資本に3億円未満の数値を入れて計算すれば，その事実を確認することができる。

が回収できるどころか持ち出しになるとしても，事業の継続による価値破壊がリストラの特別支出を上回る限り，撤退が有利となる。

＜考えてみよう＞

1．（類型１）ではNOPATを増加させる項目を紹介したが，より具体的な方策を列挙し，それがNOPATを高める理由を述べなさい。
2．リストラ時にリストラ資産を計上する理由を述べなさい。

11 | 部門別業績管理

《目標＆ポイント》　分権的管理組織における各種の責任センターの役割と業績管理について理解しよう。また，情報有用性原則が管理可能性原則を優越する理由について学習しよう。
《キーワード》　責任会計，管理可能性原則，コスト・センター，収益センター，プロフィット・センター，インベストメント・センター，情報有用性原則

1. 責任会計と責任センター

　企業規模の拡大や業務の多角化に伴い，**集権的組織**が露呈したさまざまな欠点[1]を解決するために，今日の企業では事業部制と呼ばれる**分権的組織**が支配的な組織形態となっている。そこでは業務遂行に関する意思決定権限が大幅に**事業部**[2]（divisionないしsubunit）に委譲されて，権限委譲の対象とならない最小限の決定事項だけが本部あるいは本社の所管に残される。各事業部はこの権限委譲を通じてあたかも独立した組織単位として行動する自治能力（autonomy）を得る。

　しかし，本章の主題はこの事業部自治の長所を論ずるのが目的ではなく，自治の許容によって本部に必然的に課される経営管理上の固有の課題を議論することにある。すなわち，自由裁量の余地が増えるにしたがって各事業部には利己的な行動選択を行う余地が増大する。その結果，往々

1　例えば，現場の情報をすべて本部に吸い上げようとするため，そのために時間がかかり意思決定が遅れてしまう（反スピード化）。また，情報の集約化のために硬直的な意思決定しかできなくなってしまう（反弾力化）といった点を指摘することができる。
2　職能別組織を採用している企業では，購買，製造，流通，販売，財務，人事といった部門から編成される。

にして，組織全体の利益を犠牲にして部門の利益追求を優先させようという気運が醸成されるのである。このような事態は分権化のエイジェンシー・コストを発生させる。言うまでもなく，エイジェンシー・コストの発生は本部にとって好ましくない。したがって，事業部自治を認めながらも，こうしたセクショナリズムを排除して，各事業部に対して組織全体の共通利益に合致する行動をとらせることが本部の経営管理上の課題となる。言い換えれば，組織全体の効率性と，構成要素間の整合性（首尾一貫性）が確保されるように各部門の行動を調整（coordination）し，統制（control）することが本部の課題となるのである。

　この経営管理機能の遂行（エイジェンシー・コストの低減）にあたって，本部は2つの意思決定権限を留保する。1つは，各事業部が使用する資金，人材，サービスといった共通資源の配分に関する決定権であり，もう1つは事業部管理者の業績を評価するルールの決定権である。この2つの決定権に関する分析は，振替価格と責任会計の問題とそれぞれ定義することができる。なお，振替価格については次章で論議する。

　事業部管理者の業績を評価するには，業績情報が事業部管理者別に把握されなければならない。それを可能にするには，ひとつひとつの会計データを「だれの責任に属するか」という責任者別の「ふるい」にかけて収集する仕組みが存在しなければならない。この考え方にしたがって会計情報を作成し，報告するシステムを**責任会計**（responsibility accounting）という。言い換えれば，企業業績を責任体系（line of responsibility）にしたがって計画，測定，評価する会計システムを責任会計というのである。責任会計では，本部は各事業部に責任と権限を委譲し，体系的な委譲構造を形成する。一定の責任と権限を委譲された各事業部は，**責任センター**（responsibility center）と呼ばれる。責任センターは財務的な責任と権限の範囲に応じて，コスト・センター，収益

センター，プロフィット・センター，インベストメント・センターの4つに分類される。当然，異なる責任センターには異なる業績測定および評価システムが適用されるが，会計データを利用する点では共通している。以下では，これらの責任センターについて解説しよう。

2. コスト・センターの業績管理

　コスト・センター（cost center）は，製品やサービスを産み出すための投入要素（原材料や労働，あるいは外部サービス）の組み合せ（input mix）を原価として測定，集計し，その投入活動の効率性によって評価される責任センターである[3]。したがって，最終的な製品やサービスの販売についての責任や権限はなく，収益や利益で評価されることはない。つまり，コスト・センターにとって管理可能な要因は原価であり，収益や利益は管理不能要因である。そのような管理不能要因をコスト・センターの業績評価に含めると，評価がコスト・センターに制御不能な要因に左右されることになってしまう。したがって，管理可能性の有無[4]によって，コスト・センターで発生する原価を管理可能費と管理不能費とに区別し，管理可能要因に対してのみ責任を問うという考え方がとられる。これを一般に**管理可能性原則**（controllability principle）という。なお，コスト・センターの代表的な例として製造部門をあげることができる。またサービス業のコスト・センターの例としては，病院における入院患者への食事サービス部門をあげることができる。

　コスト・センターは原価にしか責任をもたないので，より上位の管理階層がコスト・センターの生産量や予算を設定する必要がある。また，コスト・センターの業績は，一般に本部で設定された予算と実績との差異で評価されるので，その生産物が測定可能でなければならない。さらに，生産物の品質も容易に測定できることが重要である。これは，コス

3　コスト・センターは責任センターの最小単位でもある。
4　ただし，この分類基準は相対的なものであって，下位の管理者にとっては管理不能な原価が上位の管理者には管理可能である場合が少なくない。

ト・センターの管理者が原価でのみ評価されるので，品質を下げること
によって原価の低減を行おうとするインセンティブをもつ場合があるた
めである。したがって，そうした行動を監視するために生産物の品質を
定期的に，あるいは抜き打ちでチェックする必要がある。品質の水準を
決めるのも本部の決定事項である。

　コスト・センターに与えられる原価低減の目標は，次の２つに類型化
される。１つは，所与の生産量で原価を最小化する場合であり，販売価
格や生産規模の決定に責任と権限をもつ本部が利益を最大化する生産量
を設定できることが前提となる。もう１つは，所与の予算の範囲内で生
産量を最大化する場合であり，本部が適切な予算を設定することが必要
となる。

　コスト・センターに求められる原価の最小化が「平均原価」の最小化
を意味することがある。しかし，平均原価の最小化は必ずしも利益の最
大化をもたらさないことに注意しなければならない。

　例えば，あるコスト・センターの固定費が5,000万円で単位当たり変
動費が８万円だとすると，生産量をxとして，このセンターの費用関数
（TC）は次のようになる（単位：万円）。

$$TC = 5,000 + 8x \qquad\qquad (11\text{-}1)$$

　したがって，平均原価（AC）は次のようになる。

$$AC = \frac{TC}{x} = \frac{5,000}{x} + 8 \qquad\qquad (11\text{-}2)$$

　（11-2）式が示すように生産量（x）が増えれば増えるほど平均原価は
減少する。そのため，コスト・センターの管理者は，極端な場合，増え
続ける在庫に構うことなく，生産量を増やし続けようとするであろう。
それが平均原価を引き下げる行動であるからである。

　一般的に平均原価をコスト・センターの管理者の業績指標とする場合，

図表11.1　生産および販売計画と平均原価

生産および 販売単位	販売価格	売上高	総原価	売上総利益	平均原価
100	30	3,000	5,800	− 2,800	58.0
200	28	5,600	6,300	− 700	31.5
300	26	7,800	6,800	1,000	22.7
400	24	9,600	7,300	2,300	18.3
500	22	11,000	7,800	3,200	15.6
600	20	12,000	8,300	3,700	13.8
700	18	12,600	8,800	**3,800**	12.6
800	16	12,800	9,300	3,500	11.6
900	14	12,600	9,800	2,800	10.9
1,000	12	12,000	10,300	1,700	**10.3**

過大生産や過少生産が生じやすくなる。そのどちらになるかは，利益を最大化する生産量と平均原価が最小化される生産量の関係によって決まる。

　例えば，図表11.1のような生産および販売計画を考えてみよう。売上総利益を最大化する販売および生産量は700単位であるが，平均原価が業績指標であるとすると，コスト・センターの管理者は1,000単位生産しようとするだろう。この場合，過大生産が行われることになる。

3. 収益センターの業績管理

　収益センター（revenue center）は，製品販売における収益に責任をもつセンターをいう。一般に製品販売は，顧客の性別や年齢，地域性や季節性といったさまざまな要因に左右され，そうした詳細な情報は現場に偏在しがちである。それらの情報を本部でいちいち吸い上げて販売活動の意思決定を行うよりも，販売の権限を収益センターに与えてしまった方がよりよい成果が得られると期待されるときに収益センターが設けられる。収益センターの代表的な例として，販売部門があげられる。

　収益センターに過大な権限を委譲すると，収益が歪められたり，損失を被るおそれがある。例えば，販売価格の決定に関す権限を与えると，顧客には低い価格で商品を提供し，自らはその見返りを受け取ろうとする誘因が生じる。また，営業努力を怠り，その責任逃れとして収益の平準化を図ろうとする場合もある。

　従って，収益センターには，販売価格，製品の品質，予算に対する権限は与えられず，それらを制約条件として収益を最大化することが要求される。

4．プロフィット・センターの業績管理

　プロフィット・センター（profit center）は複数のコスト・センターから構成されることが多い。プロフィット・センターの管理者は，固定的な資本予算を与えられ，その範囲内で，投入要素の組み合せ，プロダクト・ミクス（product mix：製品の組み合せ），販売価格および生産数量を決定する責任と権限とを委譲される。したがって，プロフィット・センターは，投入（input）と産出（output）をそれぞれ費用と収益として測定し，その差額としての利益で評価される独立採算型の責任センターになる。

　ある事業部が，プロダクト・ミクスや生産量，販売価格，品質といった決定事項について特定的な情報（specific information）を有していて，それを本部に移転するのが技術的，時間的，貨幣額的に困難である場合，当該事業部はプロフィット・センターとして設定される。一般にプロフィット・センターは製品別に構成される。そのような独立採算組織を**製品別事業部**という。あるいは，事業部が顧客別・市場別・地域別に構成される場合もある。

　プロフィット・センターの管理者の業績は，会計利益の予算と実績の

図表11.2　事業部損益計算書 (プロフィット・センター)

売　上　高	1,200
変動製造原価	500
製造マージン	700
変動販売費	150
限界利益	550
管理可能固定費	50
事業部管理可能利益	500
管理不能固定費	150
事業部貢献利益	350
本部費負担額	50
事業部利益	300

差額によって評価される。

　図表11.2は，事業部損益計算書の一例である。

　まず，売上高から変動製造原価を控除した差額を，一般に**製造マージ
ン**という。それから変動販売費を控除した差額を**限界利益**と呼ぶ。この
利益概念は，固定費を回収し，純利益を獲得するための原資の大きさを
表す。限界利益は，売上高（ないし販売量）に比例して変動するので，
利益計画や予算編成などの年次計画の立案，プロダクト・ミクス，製品
価格の意思決定などに有用な会計情報となる。

　限界利益から当該事業部に帰属する管理可能固定費を控除すると**事業
部管理可能利益**が求められる。これは文字通り，事業部長の采配がいか
なる経営成果をもたらしたかを示すので，管理業績の良し悪しを判定す
る指標となる。したがって，事業部長はこの数値に責任を負う。

　管理可能利益から事業部に帰属する管理不能固定費を控除すると，**事
業部貢献利益**（contribution margin）が求められる。ここで，管理不能
固定費とは，過年度において本部経営者が意思決定を行って決めた，当
該事業部に跡付けることができる固定費をいう。例えば，機械・設備の
減価償却費，保険料，固定資産税，などがあげられる。事業部貢献利益

は，事業部の収益性を判断し，資源配分を決定する際の有用な会計情報となる。これから当該事業部のためにサービスを提供している本部スタッフの費用といった本部費等の共通費負担額を控除すると最終的な事業部利益が求められる。これは，独立採算組織としての事業部の存続可能性を判断する際の有用な会計情報となる。

　事業部利益による業績評価方法は一見，単純であるが，プロフィット・センターが評価される事業部利益は次の２つの要因によって左右されることに注意しなければならない。１つは事業部間でやりとりされる製品やサービスの振替価格であり，もう１つは各事業部間に配分される本部（本社）費の配賦の問題である。

　このように事業部間に相互依存関係が存在するときには，部門利益の最大化は全体利益の最大化に必ずしも結びつかないという，いわゆる合成の誤謬問題が生じる。例えば，ある事業部が自己の利益にのみ関心があり，他事業部の収益や費用に与える影響を無視した行動をとるような場合である。また，他事業部が創出した生産物に関する良い「評判」にただ乗り（free ride）することによって，評判の下落という他事業部の犠牲の下に短期的利益を獲得しようとする。こうした行動を防ぐために，プロフィット・センターの管理者の報酬を自部門の利益だけに結びつけるのではなく，関連する他事業部，あるいは全社利益に結びつけることが必要になる。

5. インベストメント・センターの業績管理

　インベストメント・センター（investment center）とは，プロフィット・センターに第７章で議論した資本支出の権限を付与した責任センターをいう。組織が肥大化するにつれて，投資機会に関する情報も各事業部に偏在するようになる。したがって，本部がそれらの情報を吸い上

げて意思決定するよりも，各事業部に直接，意思決定させる方がコスト節約的になると期待される。したがって，この組織単位はプロフィット・センターよりも独立採算性の高い責任センターといえる。このように事業部をインベストメント・センターとして位置づける場合，単に利益額の大小だけではなく，それと投下資本とを関係づけて，投下資本の効率的な活用を行ったかどうかで業績を評価しなくてはならない[5]。伝統的には，以下で説明する投資利益率（ROI）が業績指標として用いられる。

（1）投資利益率（ROI）

投資利益率（return on investment）は次のように定義される。

$$投資利益率 = \frac{事業部利益}{投下資本}$$

この業績指標は，投下資本の効率性を事業部利益と関連づけて測定するので，インベストメント・センターの業績評価によく利用される。また，他部門や外部の競争相手の利益率との比較を容易にするという利点もある。

さらに，投資利益率は，次のように**売上高利益率**と**資本回転率**の2つの比率に分解することができる。

$$投資利益率 = \frac{事業部利益}{売上高} \times \frac{売上高}{投下資本}$$

このように分解することによって，目標とする投資利益率に対して実際の投資利益率がこれを下回ったとき，売上高利益率に問題があるのか，資本回転率に問題があるのかを明らかにし，改善のための方向づけを行うことができる。

ただし，投資利益率を事業部長の業績評価指標とするとき，過少投資の問題が生じる場合がある。新規の投資案（プロジェクト）が収益性の

5　プロフィット・センターと同じようにインベストメント・センターの業績も事業部利益のみで測定されるとすると，使用資本の効率性が問われないので，事業部利益を上げるために事業部長は過大投資するように動機づけられてしまう。

ある案件であるにもかかわらず，平均投資利益率の低下を嫌って，この投資案を棄却してしまう場合である。例えば，ある事業部の投資利益率が20％で，資本コストが15％であるとしよう。いま，新規の投資案が提案され，投資利益率は17％であり，投資が実施されると投下資本の10％を占める。この投資案は，資本コストの15％を上回っているので，価値創造に貢献するので投資に値する。しかし，平均投資利益率を計算すると19.7％（＝0.9×20％＋0.1×17％）となり，投資前よりも指標が低下するので事業部長はこの投資案を棄却してしまう可能性がある。

　また，上例のように投資利益率が資本コストを考慮しないということは，同時にその投資案のリスクも考慮されないことになるので，投資利益率だけで事業部長の業績が評価されるとすると，その指標を高めるために事業部長は過度のリスクをもつ投資案を選択するようになる可能性がある[6]。

（2）残余利益（RI）

　投資利益率（ROI）のもつ短所を克服するために，残余利益（residual income）が事業部長の業績評価指標として利用される。残余利益は次のように定義される。

残余利益＝事業部利益－投下資本×資本コスト

　例えば，ある事業部の利益が20億円で，投下資本を100億円，資本コストを15％とすると，この事業部の残余利益は5億円（＝20億円－100億円×15％）となる。残余利益が正の場合，その投資案は採択され，負の場合は棄却されるので，この投資案は採択される。

　残余利益の問題点を考えるために図表11.3にあるX，Yの2つの事業部を考えてみよう。

　投資利益率はX事業部の方が5ポイント高い。しかし，Y事業部はX

6　この他にも事業部長が，全体としてはマイナスの投資案でも，自身の在職期間中のROIを高めるのであれば，その投資案を採択するという**期間問題**（horizon problem）があげられる。

図表11.3　残余利益と投資利益率

	X事業部	Y事業部
投 下 資 本	100億円	500億円
事業部利益	30	125
資本コスト（15%）	15	75
残 余 利 益	15	50
投資利益率	30%	25%

事業部の5倍の投下資本で，利益額も4倍強あり，残余利益は5倍である。このように，残余利益は，額による尺度であるので，ある事業部の残余利益を，規模の異なる他の事業部や他社の残余利益と比較することができないという短所がある。規模の大きい事業部は，小規模の事業部よりも多額の残余利益を稼ぐケースが多くなるのである。この欠点を克服する手段として，各事業部ごとに残余利益の予算水準を設定し，これを実績と比較するという方法がある。例えば，X事業部の残余利益の予算が12億円，Y事業部の予算が48億円であったとすると，Y事業部の方が業績がよいと判定することができる。

　なお，残余利益も投資利益率と同じく単年度の業績指標であるので，事業部長は長期的な視点よりも短期的な視点で事業部利益を追求する行動をとりがちである。このような行動は長期的な企業価値を破壊する。こうした残余利益の短所を克服するためにそれを精緻化したのが第9章で議論した経済付加価値（EVA）である。

6.　管理可能性原則と情報有用性原則

　前述のように，業績は，被評価者にとって管理可能な要因と管理不能な要因から構成される。管理可能な要因に対してのみ責任を問うというのが管理可能性原則であり，責任会計の中核をなす考え方である。

　管理可能性原則は業績評価ルールとしての有効性が認められながら

174

も，エイジェンシー理論によって，その限界が理論的に指摘されるようになってきている。

　本部は，各事業部を構成する際に，管理可能性原則に基づく責任会計の理念に基づいて，各事業部の業績を相互に独立して把握できるような構成，すなわち**絶対業績評価**をするのが望ましい。それによって，自部門の業績指標にのみ責任を負う自己責任体制が確立されるからである。

　しかし，事業部に共通する影響要因が存在する場合，つまり，各事業部の環境状態が一定の相関をもって生起する場合は，ある事業部の業績を他事業部の業績と比較する**相対業績評価**[7]が有効になり得る。他事業部業績は管理できないという事実からすると，相対業績評価は管理可能性原則に反するが，情報価値があるならばそれを利用すべきであるとする**情報有用性原則**がその正当性を裏付けるのである。予算や標準は，事前に設定された計画値であり，環境の変化に対して脆弱である。したがって，環境変化を評価に組み入れるには，追加的な情報が必要となる。しかし，環境情報が入手困難であったり，コストがかかる場合には，類似の環境下で実現した仲間の業績がその有力な代理変数となり得る。その情報価値を生かすために業績評価が相対化されるのである。

　実務では，予算と実績の対比にとどまらず，同業他社や企業内の同種の他部門との業績比較，さらには同一部門内の他集団業績の比較といったように，多様な形で相対業績評価が導入されている。これは多くの組織が，必要であれば，管理可能性原則よりも情報有用性原則を重視している証拠と解し得るだろう。

7　相対業績評価の利点は２つある。１つは測定が容易であるという点である。同じような仕事内容に対する成果を並べてみれば，どちらが優れているかが容易に判別できるであろう。もう１つは景気の良し悪し，作業の困難性といった環境要因が共通に作用するので，同一環境の下で生産された業績を対比すれば，成果の差が努力と能力の差として認識される点にある。ただし，相対業績評価をうまく機能させるためには，個々の能力の差が大きくないことが重要である。能力格差が歴然としている場合には，結果が予見できるため，努力を喚起することが困難になる。

［学習課題］

x工場では，コンベヤーで流れ作業を行っているA，B，2つの部門がある。製品となる原材料が，A部門で加工された後，B部門で加工される。各部門長は単位製造原価と製造量について予算を与えられている。

ある金曜日の朝，B部門の設備に不具合が見つかり，B部門長はA部門長にコンベヤーを止めてくれるように申し出た。しかし，A部門長はこの申し出を受け入れず，自部門の製造活動を続けた。結果，B部門では，活動を再開するまで，A部門で加工された加工品を別の場所に移動し積み上げる必要性が生じ，また再開後，それを戻さなくてはならなかった。

この事態を苦々しく感じたB部門長は，A部門の加工品を移動し，また元に戻したコストをA部門が負担すべきだと主張した。一方，A部門長は予算達成のために必要な作業を行っただけと反論した。

あなたが工場全体の管理者だとした場合，このコスト負担をどのように説明しますか。

また，設備の不具合がA部門で発生した場合についても同様に考えてみてください。

12 | 振替価格

《**目標＆ポイント**》 内部振替価格制度の意義と，そこにおける振替価格の役割について理解しよう。また，振替価格の算定方法やその実務的ルールについて学習しよう。

《**キーワード**》 内部振替価格制度，振替価格，職能別事業部制組織，製品別事業部制組織，費用関数，市場価格，限界費用，総原価プラスマージン

1. 事業部間取引と振替価格

　事業部間で生産物（財・サービス）を授受する場合，事業部業績を正しく測定するために，これを外部取引になぞらえて，生産物の受入部門が供給部門に対して所定の価格を支払う制度が設けられる。これを**内部振替価格制度**という。例えば，生産事業部が製造した製品を販売事業部に振替え，販売事業部がこれを外部に販売する「職能別事業部制組織」の下では，生産事業部の売上高が販売事業部の売上原価になる。したがって，振替価格をどの水準に決定するかが両事業部の利益に重要な影響を与える。また，中間製品を製造・販売する事業部と，これを最終製品に加工した上で外部に販売する事業部からなる「製品別事業部制組織」の下でも同様に，**振替価格**（transfer price）が各事業部の利益に影響を与える[1]。

　一方にとって有利な価格は他方にとって不利になるから，振替価格の

1　国内メーカーが海外の販売子会社に製品を販売する場合は「移転価格」と呼ばれる。国によって税率が異なるので，税率の低い事業部門の利益が大きくなるように移転価格を定めれば，企業グループ全体の税額を最小化することができる。そうした企業行動によって各国の税収が影響を受けることになるため，移転価格税制についての国際的な取り決めがなされている。

決定問題は，必然的に，部門間の利益の付け替え（移転）という意味を
もつ。その限りでは，企業全体の利益は影響を受けないかのような印象
を受けるが，各部門に決定権が委譲されている限り，そうではない。振
替価格の水準に応じて，生産量や販売量に関わる各部門の意思決定が変
化し，パイの配分だけでなくパイそのものの大きさが変わるからである。
そうだとすれば，振替価格の決定問題は，企業全体の利益を最大化する
という課題と，それに整合的な形で各部門に利益をどのように配分する
かという課題を与えられることになる。

　「企業全体の利益を最大にするには，機会原価，すなわち内部振替に
よって放棄する代替案から得られる価値をもって振替価格とすべきであ
る」というのがその結論である。

　例えば，A事業部とB事業部の2つのプロフィット・センターからな
る企業が，A事業部からB事業部に中間製品を振替えるケースを考えよ
う。A事業部は中間製品を外部の競争市場で販売することもB事業部に
振替えることもできる場合，生産能力に余剰があるとすると，①内部振
替を行うか，②内部振替を行わないか，が選択肢となる。①は②を選択
するときに放棄する代替案であり，②を選択する場合，中間製品を生産
するコスト（限界費用）の発生を避けることができるから，それが①の
機会原価になる。したがって，中間製品の限界費用をもって振替価格と
するのがいま述べた結論に合う決定となる。一方，A事業部の生産能力
に余剰がない場合には，②を選択する場合，中間製品を外部市場に販売
することが最良の選択肢となり，その場合には市場価格に相当する収入
が得られるから，それが代替案①の機会原価となる。したがってその場
合には，中間製品の市場価格を振替価格として定めることになる[2]。限
界費用であれ市場価格であれ，B事業部が振替品を外部に販売して得ら
れるネットの収益が振替価格を上回るかぎり，企業全体の利益は増加す

2　この場合には，外部販売か内部振替かのいずれを選択しても，中間製品が製造
　されるから，限界費用は無関連の原価になる。

る。

　数値例で最適決定のプロセスをフォローしよう。最初に，中間製品の市場が存在しない場合から検討しよう。A事業部が中間製品を製造し，B事業部がこれを加工した上で外部に販売する企業を想定し，各事業部の費用関数を次のように仮定する（単位：円）。

$$C_A(q_A) = 5,000 + 30q_A + 0.5q_A{}^2 \tag{12-1}$$

$$C_B(q_B) = 4,000 + 20q_B + 0.5q_B{}^2 \tag{12-2}$$

　q_A，q_Bは，それぞれ，中間製品と最終製品の生産量を表す。また，最終製品の販売価格を250円とすると，収益関数は$250q_B$となる。以下では，いずれかの手段によって部門間で相互調整がなされることを想定して，最終的に，$q_A = q_B \equiv q$になるものと仮定する。

　最初に，この相互調整を本部が行う状況を分析しよう。これらの費用関数や収益関数に関する情報が各事業部から提供されると，企業全体の費用関数は，

$$C(q) = 9,000 + 50q + q^2 \tag{12-3}$$

利益関数は，

$$\begin{aligned} \pi(q) &= 250q - C(q) \\ &= 200q - q^2 - 9,000 \end{aligned} \tag{12-4}$$

となるから，本部は，この情報に基づいて，利益を最大にする生産販売量を求めることができる[3]。具体的には，(12-4) 式をqで1階微分すると，それをゼロに等しくする生産販売量が求める値になる（最適性の1階条件）。つまり，収益関数を1階微分した限界収益（250）と費用関数を1階微分した限界費用（$C'(q) = 50 + 2q$）が等しくなる点がそれである（次式）。

$$\pi'(q) = 250 - 50 - 2q = 0 \tag{12-5}$$

　これを解くと，$q^* = 100$となり，利益は，$\pi(100) = 25,000 - 24,000 =$

3　ここでは，本部費はゼロ，最終製品市場は完全競争と仮定している。

1,000になる。本部は，この結論を実行に移すために，各部門の生産販売量を100個にするよう命令を与えるであろう。

このような決定方式を採用する企業は，事業部の生産販売量に関する決定権を本部が留保しているという意味において，実質的には**集権的組織**として位置付けられる。そこでは，直接的に数量をベースとする調整が行われるので，価格をベースとする調整メカニズム（振替価格制度）は不要となる。しかし，集権的組織では，各部門の情報（費用関数や収益関数）が正確に伝達されなければ，本部が決定を誤るのは明らかであろう。伝達すべき情報が事業部に固有の特定的知識であるとすると，それが正確に本部に伝達されるという保証はないし，提供する情報が自部門の業績評価に影響を与えるとすれば，情報が操作される可能性も否定できないであろう。このような状況の下では，生産販売量の決定権は，関連情報を保有する事業部に委譲した方がよいことになる。

決定権を事業部に委譲した**分権的組織**の下では，価格をベースとする調整が有効になる。そのメカニズムを説明するために，中間製品の振替価格を T としよう。T が与えられると，各事業部の利益は次のようになる。

$$\pi_A(q_A, T) = Tq_A - C_A(q_A) = Tq_A - 5{,}000 - 30q_A - 0.5q_A{}^2 \qquad (12\text{-}6)$$

$$\pi_B(q_B, T) = 250q_B - C_B(q_B) - Tq_B$$
$$= 250q_B - 4{,}000 - 20q_B - 0.5q_B{}^2 - Tq_B \qquad (12\text{-}7)$$

各事業部は，T を所与として算定される利益をそれぞれ最大にする q_A と q_B を決定するであろうから，T と q_A，q_B は相互依存の関係になる[4]。価格 T が高い場合には，A事業部が有利になり，供給量 q_A が増加する一方，B事業部は不利になり，需要量 q_B が減少して，供給過剰が起こる（$q_A > q_B$）。この需給ギャップを縮小するには，価格の引下げが促される。逆に，価格が低過ぎる場合には，需要が過剰になって（$q_A < q_B$），価格

4　各事業部が自部門の利益を最大にすると仮定する背後には，事業部長の報酬を事業部利益に連動させるインセンティブ・システムが存在しているという前提がある。

図表12.1　振替価格Tによる需要q_B
と供給q_Aの調整

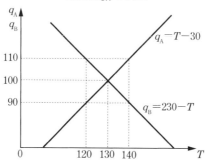

図表12.2　事業部損益（$T^* = 130$, $q_A = q_B = 100$）

（単位：円）

	A事業部	B事業部	全社合計
外部売上高	—	25,000	25,000
内部振替高	13,000	−13,000	—
部門個別費$C_i(q_i)$	−13,000	−11,000	−24,000
事業部利益	0	1,000	1,000

　の引上げが促される。そのような調整を経て需給が一致する（$q_A = q_B$）ところで，均衡価格が成立する。それが求める振替価格となる。

　本例では，均衡価格はいくらになるであろうか。各事業部の利益関数を1階微分して最適性条件を適用すると，

$$\pi'_A(q_A, T) = T - C'_A(q_A) = T - 30 - q_A = 0 \qquad (12\text{-}8)$$

$$\pi'_B(q_B, T) = 250 - C'_B(q_B) - T = 230 - q_B - T = 0 \qquad (12\text{-}9)$$

となる。これを整理すると，A事業部の供給曲線は$q_A = T - 30$，B事業部の需要曲線は$q_B = 230 - T$となる。図表12.1は両者が一致するところで均衡価格（$T^* = 130$）が成立する状況を描いている。均衡条件を満足する生産販売量は，本部が決定した場合と同一の結果になっていることを確認されたい（$q_A = q_B = q^*$）。図表12.2はこの決定を実行したときの

事業部損益を示している。

（12-8）式に注目しよう。この式は，供給部門の限界費用 $C'_A(q_A) = 30 + q_A$ を振替価格に定めるべきことを示している[5]。仮に，供給部門が T^* よりも高い価格を主張して譲らない場合には，受入部門は受入数量を q^* より減らさざるを得ないし，逆に，受入部門が T^* よりも低い価格を主張して譲らない場合は，供給部門は供給数量を減らさざるを得ない。いずれにおいても，企業全体の利益は減少する。本部は，そうした事態に陥ったときに，部門間の利害調整に介入する役割を果たすべきであろう。

以上の論議は，中間製品に外部市場が存在しないか，存在しても外部市場への販売が内部振替に全く影響を与えない状況，つまり，生産能力に余剰があって，外部市場への販売機会が内部取引に影響を与えない場合を前提にしている。そこで以下では，中間製品に外部市場が存在し，外部販売の機会が内部取引に影響を与えるケース，つまり，各事業部が取引相手を社内に限定されることなく，外部者を自由に選択できる権限（これを一般に「忌避権」という）を与えられており，外部取引と内部取引を代替できる場合を検討しよう。

いま，中間製品の市場価格を P とする。仮に $P \neq T$ とすると，$P > T$ であれば，供給部門は中間製品の全量を外部取引に向けるであろう[6]。逆に，$P < T$ であれば，受入部門は中間製品の全量を外部から購入するであろう。その結果，それぞれの相手部門は内部取引の機会を失い，外部取引を選択せざるを得なくなる。内部取引が選択されるためには，両方の取引が無差別にならなければならないから，振替価格 T は最終的に市場価格 P に鞘寄せされるであろう。これが，各部門に忌避権を認めることの経済的意義であり，それによって，企業全体の利益を最大化する環境が整えられるのである。

5　限界費用は生産量 q_A に応じて変化するので，最後の1単位を引き渡すときの限界費用が振替価格となる。

6　「生産能力に余剰がない」という前述したケースが，この場合である。

　先の数値例において，中間製品に外部市場が存在すると仮定し，$P = T$ とすれば，各事業部の利益は，

$$\pi_A(q_A, P) = Pq_A - C_A(q_A) \tag{12-10}$$

$$\pi_B(q_B, P) = 250q_B - C_B(q_B) - Pq_B \tag{12-11}$$

となる。ゆえに，事業部利益を最大にする必要条件は次式になる。

$$\pi'_A(q_A, P) = P - C'_A(q_A) = P - 30 - q_A = 0 \tag{12-12}$$

$$\pi'_B(q_B, P) = 250 - C'_B(q_B) - P = 230 - q_B - P = 0 \tag{12-13}$$

　外部市場が存在しないこれまでのケースと異なり，このケースでは内部取引と外部取引が自由に代替できるので $q_A = q_B$ とする必要がないことに留意しよう。仮に，$q_A > q_B$ が最適となる場合，q_B を内部振替にすれば，A事業部は中間製品を $(q_A - q_B)$ だけ外部に販売することができ，逆に，$q_A < q_B$ が最適となる場合には，q_A を内部振替にすれば，B事業部は中間製品を $(q_B - q_A)$ だけ外部から購買することができ，それによって，利益を増大できるからである。$P = 130$ のときには，$T = 130$ となり，$q_A = q_B$ となって，これまでと同一の結論になるのは明らかであるから，それ以外の代表的なケースを分析しよう。仮に，$P = 140$ とすれば，$q_A = 110$，$q_B = 90$ となり，$P = 120$ とすれば，$q_A = 90$，$q_B = 110$ となる（図表12.2を参照）。それぞれにおける事業部損益は，図表12.3と図表12.4に示

図表12.3　事業部損益（$T = P = 140$，$q_A = 110$，$q_B = 90$）

	A事業部	B事業部	全社合計
外部売上高	2,800	22,500	25,300
内部振替高	12,600	−12,600	−
部門個別費$C_i(q_i)$	−14,350	−9,850	24,200
事業部利益	1,050	50	1,100

図表12.4　事業部損益（$T = P = 120$，$q_A = 90$，$q_B = 110$）

	A事業部	B事業部	全社合計
外部売上高	−	27,500	27,500
内部振替高	10,800	−10,800	−
外部仕入高	−	−2,400	−2,400
部門個別費$C_i(q_i)$	−11,750	−12,250	−24,000
事業部利益	−950	2,050	1,100

されている。外部取引の機会が存在しなかった前述のケースよりも全体
の利益が増加していることにも留意されたい。ただし，中間製品の市場
価格の相違は，当然ながら，各事業部の利益にプラスとマイナスの影響
を及ぼすが，本例では，それらが相殺されるため，全社利益は同じになっ
ている。

2. 振替価格の実務的ルール

　振替価格は，いま述べたように，理論的には機会原価によるべきであ
る。しかし，費用関数がここで仮定したように明確に把握できない場合
には，これを正確に測定するのは容易ではないし，多大なコストがかか
ることも予想される。また，その真の値は企業が置かれた状況に応じて
刻々と変化するから，これを事前に確定しておくのは困難である。その
ため，実務においては，機会原価の近似値として，測定がより容易な代
替的な指標を用いるのが通例である。そのいくつかを説明しよう。

（1）市場価格

　既に述べたように，中間製品に市場が存在する場合には，市場価格を
振替価格にするのが最適であった。実務においても，それが広く採用さ
れている。図表12.4のA事業部のように，中間製品を市場価格で振替え
ても（長期的に）利益が出ないような場合には，製造原価が高すぎるこ
とを意味するので，内部製造を取り止め，外部購入に切り替えるという
意思決定が促されるであろう。逆に，受入部門が中間製品を市場価格で
購入しても（長期的に）利益が出ないような場合には，中間製品の加工，
すなわち，最終製品の製造販売を取り止めるという意思決定が促される
であろう。市価基準は，このように各事業部が独立企業（stand-alone
firm）として採算が取れるかどうかを判断するのに有用である。

しかし，市価基準でそれぞれの事業部に利益が計上されているからといって，両部門を1つの傘の下に統合していることを正当化する理由にはならない。取引を内部化することによって相互依存効果（シナジー効果）が存在しなければ，両部門を独立企業に分割した方がよいかも知れないからである[7]。内部生産によって生産技術の学習効果が得られたり，規模の経済性が発揮されるとすれば，その分だけ振替価格を市価より差し引くのが合理的であるかも知れない。また，内部取引であれば，広告，手数料などの販売費や販売代金の回収に関わる費用を節約できるから，それらも控除対象に含めることができる。他の条件を一定とすれば，これらのディスカウントは，内部取引の優越性を高めることになる。

（2）限界費用

市場価格が存在しない場合には，既述のように，限界費用を振替価格にするのが最適となる。しかし，このルールにも欠点がないわけではない。線型の費用関数を想定する場合，単位当たりの変動費が限界費用になるので，変動費で振替える場合，供給部門は，固定費を回収することができなくなる[8]。そのため，供給部門には固定費総額に相当する損失が生じる。一方，受入事業部は，変動費しか支払わないので，過大な利益が計上される。このように事業部利益が偏って計算されるので，部門業績を公平に計測するには，何らかの修正が必要となる。1つは，限界費用による振替とは別に，受入部門が供給部門に対して一定の料金を定期的に支払うという方法である[9]。つまり，限界費用で振替を受けるための「権利金」を受入部門にチャージするわけである。部門間の利益配分を正当化するには，料金は，供給部門の1期間の固定費予算額に資本

7　シナジー効果がなければ，複数部門を1つの組織に統合化することによって，市場との接触面が少なくなり，市場規律の希薄化というマイナス効果が生じることに注意しなければならない。

8　先の数値例では，限界費用が平均原価（$C_A(q_A)/q_A$）に一致するので，図表12.2が示すように，供給部門の損益はゼロになっている。

費用（部門投下資本×資本コスト）を加えた金額に設定するのが合理的であろう。それによって，供給部門の業績はEVAで測定されることになる。

　限界費用を振替価格に用いることには，どのような原価が限界費用に含まれるかが必ずしも明確でないために，その点を巡って論争が生じるという弱点もある。供給部門は原価に含める範囲を拡大しようとするだろうし，購入部門はこれを狭く限定しようとするインセンティブをもつ。供給部門が固定費を変動費化しようとするのはその例である。それが企業全体の利益にマイナスの影響を与えるとすれば，部分最適を招くことになるであろう。

　また，限界費用や変動費による振替は，実際原価ではなく標準原価に拠るべきであるという点にも留意すべきである。そうしないと，供給部門の能率の良し悪しが受入部門の業績に影響を及ぼすからである。標準原価による場合，原価の節約は供給部門の利益になるから，原価を節約するインセンティブが生まれる。

（3）総原価ないし総原価プラスマージン

　製造原価（＝変動製造費＋固定製造費）だけでなく，管理費，研究費，本社費などの配賦額などを含む（単位当たり）総原価（full-cost），あるいは，総原価に一定のマージンを加算した金額（full-cost plus）をもって振替価格とする方法は，単純であり，原価分類に関わる論争を回避できるというメリットがあるため，実務において広く採用されている。ただし，操業度が低い場合，総原価は，機会原価を過大に評価するため，内部取引を縮小させるというデメリットがあるが，操業度が十分に高い

9　受入部門は供給部門に限界費用を支払い，供給部門は限界費用に一定率のマークアップを加算した価格で収益を計上する，いわゆる，二重価格（dual pricing）方式をとることも理論的には可能である。しかしその場合は，事業部利益の合計は，マークアップの金額だけ過大になるので，本部の損益からこれを控除することが必要になる。

場合には，総原価プラスマージンは市場価格の代理変数として，機会原価に近似する値になる。また，総原価の場合にも，前述した理由により，実際原価ではなく標準原価が使用されるべきである。

（4）交渉価格

部門間の交渉によって価格を設定することもできる。供給部門は機会原価よりも低い価格は拒否するだろうし，受入部門は他から購入するよりも高い価格を支払おうとはしないであろうから，交渉で妥結する価格は機会原価に近づくと思われる。パイそのものを増大することが必要であるから，交渉の当事者には，価格だけでなく，振替量の決定権も与えられなければならない。そのことを前提にすると，まず最初に，当事者は両事業部の合計利益が最大になるように振替量を決定し，それが決まった段階で，合計利益を部門間でどのように分配するかの論議に移り，その過程で価格が決まるというアプローチが採用されるべきであろう。前節の数値例において，数量交渉によって，$q_A = q_B = 100$が確定したとすると，図表12.2が示すように全体利益は1,000円になる。その前提のもとで，これを両事業部が折半することで価格交渉が妥結したとすると，$T = 135$となり，各事業部利益は500円になる。

交渉による方法はかなり一般的ではあるが，妥結に至るまでに時間がかかるとか，当事者の交渉力が結果に影響を与え，部門間の対立を引き起こす要因になるといった欠点も存在する。

[第12章　練習問題]

　K社は，製造事業部で生産したZ製品を販売事業部に振り替える態勢をとっている。製造事業部の費用関数は，$C_1(x) = (100+x)x + 40,000$と予測され，販売事業部の収益関数は，$R(x) = (600-0.2x)x$，費用関数は$C_2(x) = 20x + 5,000$と予測される。ただし，$x$はZ製品の製造・販売量を表す。

問1　企業全体の利益πを最大にする生産販売量と利益額を求めなさい。

問2　企業全体の利益πを最大にする振替価格を求めなさい。また，そのときの部門別利益を求めなさい。

13 | 非財務情報の活用

《**目標＆ポイント**》 企業の目的である株主価値を高めるには当期と将来の
EVAを増加させることが必要になる。しかし，EVAに代表される財務指標
は過去の行動や意思決定の結果を示す事後的指標であり，それが改善された
からといって将来のEVAを高めるという保証はない。将来のEVAを高める
ための非財務指標の重要性について理解しよう。

《**キーワード**》 財務指標，非財務指標，先行指標，事後的指標，差別化戦略，
原価低減戦略，バランスト・スコアカード，業績指標の因果関係

1. 非財務情報の重要性

　第9章で議論したように，株主価値は今期のEVAだけでなく，将来
EVA（の現在価値）に結びついている。したがって，経営者や管理者を，
今期のEVAだけでなく，将来のEVAの流列を改善するように動機づけ
ることが重要になる。もちろん，今期の目標を追及する努力が将来の目
標につながるのであれば問題はない。しかし，両者間にそのような補完
的関係は存在しないのが通例である。財務指標は，確かに当期のEVA
を改善する身近な指標ではあるが，将来のEVAまで改善するという保
証はない。財務指標は過去の意思決定や行動選択の結果を説明するもの
であって，将来を予測するものではないからである。財務指標が**事後的
（遅行）指標**であると言われる所以である。短期利益と長期利益の間には，
後述のように，補完関係ではなく背反関係であるものが圧倒的に多いた
めに，長期的な価値創造を犠牲にして当期の財務指標を良くする手段は

山のように存在するのである。とすると，事後的指標のみで業績評価を行うのは株主利益に反する可能性があるということになる。

　将来EVAが重要であるとすれば，いかなる行動がそれに貢献するかを特定し，その達成度を測る指標が必要になるであろう。すなわち，EVA増加をもたらす**先行指標**である。それは，これまでの文脈から明らかなように財務指標ではなく，**非財務指標**と呼ばれる。具体的には，新技術・新製品の研究開発，新市場の開拓，人的資源の開発など将来を志向する活動がどの程度の効果を上げるかを測定する指標である。顧客満足度，従業員満足度，品質などがその具体的内容となる。それらが重要な成功要因になる企業では，非財務指標が将来EVAひいては企業価値を決定づけるから，それらを業績指標に加え，その指標を改善するように動機づけることが重要になる[1]。

　Young and O'Byrne［2001］は，Ittner et al.［1998］の枠組みを用いながら，企業が採用する競争戦略の相違が指標にどのような影響を与えるかを分析している。まず，企業戦略として，**差別化戦略**（長期利益の達成）と**原価低減戦略**（短期利益の達成）の2つがあり，これを両極とする。図13.1の縦棒が左右に動き，差別化戦略に特化すると縦棒は左

図13.1　企業戦略の選択

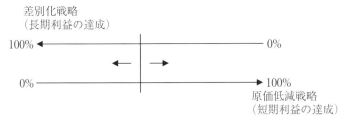

1　Ittner et al.［1997］は，1993年から1994年における米国企業を対象にCEOのボーナスにどのような業績指標が使用されているかを調査し，1株当たり利益，当期純利益，ROEなどの伝統的な会計指標が支配的である一方，顧客満足度，戦略目標の達成，品質といった非財務的指標が重視されていることを明らかにしている。本調査では，財務指標を中心に1つないし複数の非財務指標を組み合わせているのが一般的であると報告している。

190

端に達し，原価低減戦略に特化すると縦棒は右端に達する。その間の位置は各戦略の割合を示している。

　ここで，差別化戦略とは，新製品市場をいち早く察知し，外部環境の変化に適応しながら，革新的な新製品や新サービスをいち早く市場に届ける戦略である[2]。他方，原価低減戦略は，十分に成熟した市場に安定した製品やサービスを提供し，原価低減活動によって経営効率を改善しようとする戦略である。

　いずれのタイプに属するかは，4つの変数，すなわち，売上高研究開発費比率，時価対簿価比率，売上高従業員比率，新製品構成比率によって分類される。原価低減戦略を重視する企業の主目標は，経営効率の改善にあるので，財務指標が有効な管理手段になるのに対して，差別化戦略をとる企業では，製品の斬新性，品質，顧客満足度，市場占有率といった非財務指標が重要となる[3]。

　非財務指標は，それを改善するのに新たな資源の投入を要求するから，短期の財務指標にマイナスの影響を及ぼす。資金調達や人材開発投資は，短期的には今期のEVAの改善額を減少させる。非財務指標が将来EVAにどのように結びつくか，また，それらはどのように業績評価に結びつけるべきか。次節ではこのような観点からバランスト・スコアカードについて概説する。

2. バランスト・スコアカード

　これまで，将来EVAもしくは将来の成長機会のより正確な予測のた

2　その代表例として，米国Apple社のiPhone，iPadといった一連の製品をあげることができる。故Steve Jobsは，新製品の開発に当たってその製品に惚れる（fall in love with）ことの重要性を説いている（Fortune［March 17, 2008］p.47）。
3　したがって，これらの非財務指標を重視する程度と4つの変数の間に正の相関が存在するかどうかが検証すべき命題となるが，Ittner et al.［1997］はその実証に取り組み，両者間の相関が有意であることを明らかにしている。

めには今期のEVAや財務指標よりも非財務指標が重要であることを議論してきた（図13.2）。

図13.2　将来EVAと業績指標の関係

　具体的な**主要業績指標**（KPI：Key performance indicator）を見つけ出すために，Kaplan and Nortonによって開発されたバランスト・スコアカード（BSC：balanced scorecard）を利用する企業が増えている。BSCの1つの利点は，財務・非財務という異なる視点を基礎に先行および事後的業績指標をセットにして1ページに要約している点にある。つまり，企業のビジョンと戦略を実現するために，財務指標を**財務の視点**として中心に据えながら，非財務指標を**顧客の視点**，**内部プロセスの視点**，**学習と成長の視点**という3つの視点から分類し，将来の財務業績につながるはずの非財務的な取り組みを重視している点である。

　バランスト・スコアカードはEVAのために開発されたわけではないが，その枠組みはEVAと高い補完があることが実務レベルで確認されている。図13.3はKaplan and Nortonによるバランスト・スコアカードの例示である。例えば，EVAは財務的視点として，顧客満足は顧客の視点として等々自由にカスタマイズすることができる。

　また，各視点には目標が示され，目標を達成するために提案された施策も同様に示される。このような書式にすることで，経営者は達成されるべき主たる仕事を俯瞰することができ，経営者が株主価値を創造するために作り上げたビジョンや戦略を実現するために活動がどのように評

図13.3　バランスト・スコアカードと４つの視点

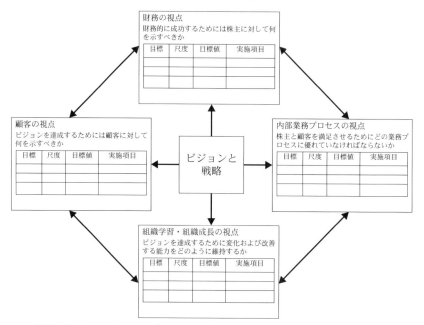

出所：Kaplan and Norton[1996, p.76]

価されるべきかを教えてくれる。

　非財務指標を見つけ出す際に，バランスト・スコアカードは，業績の測定および評価，報酬ツールとして有用なだけでなく，経営者の戦略的ビジョンを組織全体に翻訳するメカニズムを兼ね備えている。つまり，トップ・マネジメントの戦略目標なり戦略計画に現実味をもたせることによって，従業員を動きやすくするのである（図13.4）。

　また，バランスト・スコアカードはKaplan and Norton のやり方に厳密に従う必要はない。バランスト・スコアカードの成功的ユーザーは彼らとは極めて異なる定義づけをしている。例えば，米国の巨大小売業者

であるシアーズ・ローバック社（Sears, Roebuck and Co.）は，バランスト・スコアカードを単純化し，それを「３つのせずにはいられない」（three compellings）と呼んでいる。

　　買い物せずにはいられない場所（先行指標）×働かずにはいられない場所（先行指標）＝投資せずにはいられない場所（事後的指標）

　この企業は３つのカテゴリーそれぞれについて目標と業績指標を設けている。例えば，１番目の項目は，魅力的な価格と顧客サービスで質の高い商品を提供し，シアーズを楽しく買い物ができる場所にすることに焦点が当てられている。目標の到達度は，顧客満足や買い物のリピート率といった複数の業績指標によって評価される。また，上の算式は第１項と第２項を満たせば自然に財務的な結果がついてくることを表している。

　図13.3で示したバランスト・スコアカードの図解は，４つの視点が等価であると誤って解釈される場合がある。非財務の３つの視点の目標を追及するあまり財務的成果がおろそかになってはならない。しかし，バ

図13.4　バランスト・スコアカードの例示

企業目標：EVA® を３年間で20億円改善する。

	戦略目標	業　績　指　標	目標	実績	得点	ウェイト	評価
財　　務	売掛金回収	売上債権回収期間（日数）					
	営業費用削減	売上高営業費率（％）					
顧　　客	顧客満足	顧客リピート率（％）					
	定時配送	顧客訪問回数（回数）					
社内業務プロセス	回転時間短縮	発注から納品までのリードタイム（時間）					
	再作業削減	設計・生産計画の変更回数（件数）					
	プロセスの質	納期厳守率（％）					
学習と成長	積極的提案	一人当たり提案件数（件数）					
	技能向上	一人当たり年間訓練費（金額）					
	モラル向上	教育時間（時間）					
						合計	

ランスト・スコアカードは正しく利用される限り，そうした心配は無用である。

　財務的成果は，それがEVAで測定されてもそうでなくとも，常に最終目標でなければならないが，バランスト・スコアカードはまた財務指標は事後的指標だということを再確認させてくれる。つまり，それらは事後的に会社の業績がどれくらいかを教えてくれるのである。以前よりも多いEVAの改善額を得るためには，結果がEVAに反映される前に価値創造的活動なのか価値破壊的活動なのかを教えてくれる先行指標について理解することが必要である。

　図13.5は，バランスト・スコアカードには先行指標と事後的指標の両方が取り上げられていることを示している。現実にはこれらの指標は連続している。顧客満足はEVAの先行指標であるが，それと同時に定時配送の事後的指標でもある。要するに，正確な定時配送は顧客満足を改善し，それがより高い売上と売掛金の早期回収に結びつき，その結果より高いEVAがもたらされるということである。また，定時配送は顧客満足の先行指標である一方で，生産の回転時間や生産過程や製品それ自体の品質の事後的指標である。生産過程や品質，再作業率，回転時間は，従業員の技能やモラルの事後的指標である。バランスト・スコアカードはこのように，①学習と成長の視点→②内部プロセスの視点→③顧客の視点→④財務的視点，という因果関係に焦点を当てることで経営者の注意を喚起している。大組織になるほど，この因果関係の発見に数ヶ月，場合によっては年単位の時間を要するようになる。また，一度選定された指標も絶えず改訂されなくてはならない。

　つまり，業績の非財務指標に関する明白な問題点は，財務指標と比較して測定するのが困難であるということである。事実，バランスト・スコアカードを実行するために払われる多くの努力は，正しい指標を見出

図13.5　業績指標の因果関係

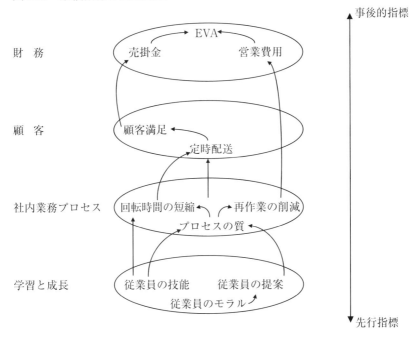

すことにある。それと同様，規則的な基準で評価されることができるかどうかという点に焦点が当てられている。

3.　業績指標と報酬システム

　主要業績指標を見つけ出し，それらの指標と結果をリンクさせてボーナスを支払うことによって，企業は，管理者がEVAを増加させ，その結果，株主に富をもたらす行動を選択するように動機づけることが可能となる。バランスト・スコアカードに基づくボーナス・プランは，理論的にはEVAに基づいたそれと同様に機能すべきである。しかし，実務的には，非財務指標にリンクするボーナスは，EVAにリンクするボー

ナスには上限が設けられていない場合でも上限が設定される傾向がある。

　バランスト・スコアカードに基づいたボーナス・プランの1つの潜在的問題点は，被評価者が複数の尺度で評価されるので，ある指標で成功し，別の指標で失敗しても依然として多額の報酬を受け取れることにある。そうすると管理者は望ましい結果と多額のボーナスをもたらす指標にのみ関心をもち，価値を創造するには重要であるが達成が困難な他の指標を無視してしまうようになる。この問題を解決するためには，評価システムを注意深く計画，設計しなくてはならない。例えば，あるプログラムではバランスト・スコアカードのある指標に対するボーナスがマイナスであると，他の指標から得られるプラスのボーナスと相殺される。

　バランスト・スコアカードの指標とボーナスを結びつけるもう1つの困難な挑戦は，ウェイトづけに固有の主観性の問題に起因する。この問題に対する共通のアプローチでは，①ボーナスにリンクされるであろう適切な業績指標を決定する，②各指標に対する目標を設定する，③相対的な重要性の程度に応じて各指標にウェイトを割り当てる，という手続きが取られる。

4. 重要な成功要因は何か

　財務指標とは異なり，非財務指標は事実上無数にある。EVAのような指標はほとんどすべての企業に適用されうるが，特定の非財務指標について同じことはいえない。その理由は，将来EVAの予測変数であり，長期的価値のドライバーでもある非財務指標は，産業ならびに企業ごとに異なるからである。例えば，ある分野では新製品の開発は将来の財務的成果の鍵となる予測変数であるのに対し，他の分野ではそうではないかもしれない。同様のことが他の種類の非財務指標についてもいえる。

　成功的なバランスト・スコアカードは，採用される指標が企業ごとに大きく異なっていても，いくつか共通の属性を持っている。有効な業績評価システムを適用しているほとんどすべての企業によって共有されているある要因が存在する。それは以下のような項目である。

① 価値創造の目標と一致する戦略的ビジョンを明確に表現することができる。

② 戦略的ビジョンに関連付けられた主要業績指標を選択している。

③ 主要業績指標を見つけ出すために広範囲に網を張る—内部だけでなく顧客やサプライヤーからも探している。

④ 条件や戦略的優先順位の変化に応じて，時間をかけて指標を進化させる。

⑤ 上位の管理者だけでなく下位の管理者にも主要業績指標と報酬をリンクさせて支払う。

⑥ 採用した尺度の支持を得るために，また指標の利用を高めるために公式的なコミュニケーション計画を実行する。

⑦ 指標を徐々に組織の深部にまで浸透させる。

⑧ すべての非財務的指標を間接的でもEVAのような財務的成果に結びつける。

⑨ 各指標に「オーナー」を割り当て評価のブレを避ける。

⑩ 取締役会に報告される指標の数を20かそれ以下に減らすようにする。

⑪ 主要業績指標について少なくとも四半期，できれば月ごとに報告させる（情報技術が許すのであれば頻繁であるほどよい）。

5. バランスト・スコアカードの利用上の注意

　非財務指標の重要性が増大しているにもかかわらず，多くの財務の専門家はバランスト・スコアカードに懐疑的である。しかし，これには一

理ある。バランスト・スコアカードという名称が誤解を招くのかもしれない。というのは，それが株主とその他の利害関係者（顧客，従業員など）の要求をバランスさせることだとしばしば誤って解釈されるからである。その背後にはすべての利害関係者が多かれ少なかれ等しい請求権を持っていることが含意されているが，そのような考え方が崩壊を招くのは自明である。

　問題はバランスト・スコアカードの利用者が手段と目的を混乱させている点にある。顧客への投資，サプライヤーとの関係，従業員といった項目はそれ自身が目的となるのではなく，財務的成果すなわち株主に価値をもたらす手段なのである。経営者がこの基本的な事項を忘れる時，バランスト・スコアカードはよりよい財務的成果を生み出すために企業の失敗を弁解する口実となってしまうであろう。

[学習課題]
1．財務指標に加えて非財務指標を利用する理由を述べなさい。
2．バランスト・スコアカードについて説明しなさい。
3．バランスト・スコアカードにおける4つの視点について述べなさい。
4．バランスト・スコアカードを利用する時に注意すべき点について述べなさい。

14 | 意思決定会計の理論

《**目標＆ポイント**》 第5章でも意思決定問題を扱ったが，本章ではその本質を理解するのを目的とする。意思決定問題がどのように定式化されるか，情報システムの役割とは何かについて理解しよう。
《**キーワード**》 意思決定会計，意思決定モデル，期待効用，標準偏差，リスク中立的，リスク回避的，情報システム，ベイズ定理

1. 意思決定モデル

　これまで種々の意思決定問題を検討してきたが，その本質を明らかにするために意思決定の問題をより深く考えてみよう。

　意思決定の内容は問題に応じて多様に異なるが，個別的な要因を捨象し共通要因のみを抽出すると，意思決定問題の構造は，次の5つの要素によって記述される。

　①行動 a_i：選択可能な n 個の代替案（$a_1, a_2, \cdots, a_n$）のなかから1つを選択する。a_i は，意思決定者にとって管理可能であり，決定変数と呼ばれる。

　②状態 s_j：m 個の起こり得る将来の状態（$s_1, s_2, \cdots, s_m$）のなかのただ1つが起こる。s_j は，意思決定者にとって管理不能であり，状態変数と呼ばれる。

　③確率 $p(s_j)$：状態 s_j が起こる確率（$\sum_{j=1}^{m} p(s_j) = 1$）。

　④結果 $x(a_i, s_j)$：行動 a_i を選択し，状態 s_j が起こったときに生じる結

果。経済的な決定問題では，金銭利得（payoff），利益，コストなどがこの変数で表される。

⑤効用$U(x)$：結果xに対する意思決定者の効用（選好ないし満足）。$U(x)$ を**効用関数**という。

意思決定問題がこの5つの要素によって特定できれば（これを**意思決定モデル**という），意思決定者は所定のルールに従って合理的な結論を導くことができる。

代替案が1個しかなければ（$n = 1$），選択の余地はない。将来の状態が確実に予測できる場合（$m = 1$）は，問題は**確実性下の意思決定**になり，最大の効用$U(x(a_i))$ をもたらす代替案a_iを選べばよい。複数の状態が起こると予想される場合は，問題は**不確実性下の意思決定**になる。過去の経験などによって確率$p(s_j)$ を特定できるときは，**リスクのもとでの意思決定**という。その場合，代替案a_iの望ましさの程度は効用の期待値（**期待効用**）で測定される[1]。

$$EU(x|a_i) = p(s_1)U(x(a_i , s_1)) + p(s_2)U(x(a_i , s_2)) + \cdots + p(s_m)U(x(a_i , s_m))$$

$$= \sum_{j=1}^{m} p(s_j)U(x(a_i , s_j)) \tag{14-1}$$

各代替案について期待効用が測定されれば，意思決定者はこれを最大にする行動a^*を選択するだろう。この決定ルールを**期待効用基準**という。

$$EU(x|a^*) = \max_i EU(x|a_i) \tag{14-2}$$

簡単な数値例で結論に至る道筋を確認しよう。2つの代替案（a_1, a_2）があり，2つの状態（s_1, s_2）が等しい確率（$p(s_1) = p(s_2) = 0.5$）で起こり，行動aと状態sの組み合わせに応じて図表14.1の結果xが生じるものとする。ここで，xは金銭的な利得（キャッシュフロー）とする。したがって，大きい値ほど望ましい。利得の期待値（期待利得）を計算すると，次の

---

1 Eは期待値の演算，すなわち，確率によって加重平均することを表す。

図表14.1　利得行列と確率

x_k	s_1	s_2
a_1	10,000	10,000
a_2	16,900	3,600
$p(s_j)$	0.5	0.5

ようになる。

$$a_1 : (0.5)\,10{,}000 + (0.5)\,10{,}000 = 10{,}000 \qquad (14\text{-}3)$$
$$a_2 : (0.5)\,16{,}900 + (0.5)\,3{,}600 = 10{,}250 \qquad (14\text{-}4)$$

　したがって，意思決定者の効用が利得に等しく，利得に正比例する（$U(x) = x$）と仮定すると，この意思決定者は期待効用（＝期待利得）の大きい方を選ぶのが最適となるから，a_2 を選択するだろう。一方，意思決定者の効用が利得 x に対して平方根関数で表される（$U(x) = \sqrt{x}$）とすると，期待効用を計算すると次のようになる。

$$a_1 : (0.5)\sqrt{10{,}000} + (0.5)\sqrt{10{,}000} = 100 \qquad (14\text{-}5)$$
$$a_2 : (0.5)\sqrt{16{,}900} + (0.5)\sqrt{3{,}600} = 95 \qquad (14\text{-}6)$$

　したがって，この場合には，期待効用を最大にする a_1 が選択される。
　このように，同じ問題でも人によって結論が異なったのは，1つは効用関数の違いにあるが，代替案の相違にも注意しなければならない。a_1 は，どの状態が生起しても利得が変化しないので，確定利得をもたらす代替案であるのに対して，a_2 は，状態に応じて利得が変化するので，リスクのある代替案である。リスクの大きさ（利得の変動性）は，一般に，**標準偏差**（次式）で表される[2]。

2　利得 x の実現値と期待値との偏差の2乗の期待値を**分散**という。標準偏差は分散の平方根である。

$$a_1 : \sqrt{(0.5)(10{,}000-10{,}000)^2+(0.5)(10{,}000-10{,}000)^2} = 0 \qquad (14\text{-}7)$$

$$a_2 : \sqrt{(0.5)(16{,}900-10{,}250)^2+(0.5)(3{,}600-10{,}250)^2} = 6{,}650 \qquad (14\text{-}8)$$

　意思決定者がリスク中立的，すなわちリスクに無関心な場合には，その効用関数は利得の線型関数になり，リスクを嫌悪しリスク回避的である場合には，逓減的な増加関数になることが知られている（リスク回避的効用関数については，本章末の補遺を参照されたい）。平方根関数はその一例である。リスク中立的な場合には，期待利得の大小のみが判断基準となるので，代替案a_2が選択され，リスク回避的な場合には，期待利得とリスクのトレードオフの結果として，本例においては，a_1の期待効用がa_2のそれを上回るのである。

2. 予測情報の価値

　不確実性下では，どの状態が起こるかを確実には予測できない。そのため，本例のように，例えば，リスク中立的な意思決定者がa_2を選択した場合，将来の状態がs_1になったときは決定が正しかったことになるが，s_2になったときは，a_1を選んでおけば良かったという後悔が残る[3]。この後悔（残念度）の大きさは，6,400の機会損失，すなわち，a_2を選んだことによって失う利得（＝3,600 - 10,000）によって表すことができる[4]。s_1になったときは，機会損失はゼロであるから，a_2の期待機会損失（機会損失の期待値）は3,200（＝0.5×6,400）になる。同様の計算を行うと，リスク中立的な意思決定者にとって，a_1の期待機会損失は3,450（＝0.5×6,900）になる。「期待利得の最大化」は「期待機会損失の最小化」に一致することがわかる。

　残念度を減らすという観点からすると，図表14.1に要約される情報だ

3　言うまでもなく，リスク回避的な意思決定者がa_1を選択した場合は，s_1が生起したときに後悔が残る。

4　選択しなかった代替案が2つ以上ある場合は，そのなかの最大の利得が機会損失になる。

けで結論を出すのではなく，状態sに関する何らかの予測情報（シグナル）を入手して，その内容を知ったうえで最終的に判断する手続きが考慮に値する。もちろん，そうした措置が有意義であるためには，意思決定者が予測情報に対して何らかの信頼を寄せていなければならない。そうでなければ，情報を決定に反映させようとは思わないからである。

その点を論議するために，シグナルをyと表し，それをアウトプットする**情報システム**，すなわち，「状態sをシグナルyに変換する関係」に注目しよう。その具体例として，意思決定者が，2種類のシグナル（y_G，y_B）をアウトプットする図表14.2の情報システムを利用できるとしよう。**条件付確率**$p(y_m|s_j)$は，状態s_jの下でシグナルがy_m（$m = $ gかb）になる確率を示している。図表14.2では，状態s_1の下では70％の確率でy_G（good：G）になり，30％の確率でy_B（bad：B）になることを示し，状態s_2の下では90％の確率でシグナルはy_Bになり，10％の確率でy_Gになることを示している。後述するように，状態とシグナルの対応関係が1対1になっていれば，入手されるシグナルからどの状態が起こるかを完

図表14.2　情報システム $p(y_m|s_j)$

$p(y_m\|s_j)$	s_1	s_2
y_G	0.7	0.1
y_B	0.3	0.9
$\sum_m p(y_m\|s_j)$	1	1

図表14.3　結合確率$p(s_jy_m)$と シグナル確率$p(y_m)$

$p(s_j y_m)$	s_1	s_2	$p(y_m)$
y_G	0.35	0.05	0.4
y_B	0.15	0.45	0.6
$p(s_j)$	0.5	0.5	1

図表14.4　事後確率$p(s_j|y_m)$

$p(s_j\|y_m)$	s_1	s_2	$\sum_j p(s_j\|y_m)$
y_G	0.875	0.125	1
y_B	0.25	0.75	1

全に予測することができる。しかし，この情報システムでは，状態とシグナルの関係が1対1の関係になっていないため，意思決定者はこの情報システムから受け取るシグナルから，どの状態が生起するかを確実には予測することができない。このように，予測精度の良し悪しは条件付確率 $p(y_m|s_j)$ に反映される。

　情報システムから，y_G か y_B のいずれかのシグナルが発せられると[5]，状態 s に対する事前の確率信念 $p(s_j)$ が修正される。その修正過程が図表14.3と図表14.4に示されている[6]。図表14.3は，s_j と y_m が同時に生じる**結合確率** $p(s_j y_m)$ とシグナル y_m がアウトプットされる**確率** $p(y_m)$ を示している。

$$p(s_j\,y_m) = p(y_m|s_j)\,p(s_j) \qquad\qquad (14\text{-}9)$$

$$p(y_m) = p(s_1 y_m) + p(s_2 y_m) = \sum_{j=1}^{2} p(s_j y_m) \qquad (14\text{-}10)$$

　$p(s_j)$ が情報を入手する前の事前確率であるのに対して，シグナル y_m を受け取った後に形成される状態 s に関する条件付確率 $p(s_j|y_m)$ を**事後確率**という。事後確率 $p(s_j|y_m)$ は次式（これを**ベイズ定理**という）によって求められる。

$$p(s_j\,|\,y_m) = \frac{p(s_j y_m)}{p(y_m)} \qquad\qquad (14\text{-}11)$$

　この計算結果が図表14.4に示されている。予測情報を入手する以前は，

5　新製品の発売を決断する前に市場調査を行うようなケースにおいて，「良い」か「悪い」かの2種類の調査結果に要約されるとした場合，前者は y_G，後者は y_B に該当する。市場調査を行うかどうかは，情報システムを設置するか否かを問うことに等しい。また，朝，傘を持って家を出るかどうかを決定する前に，テレビの天気予報を見ようとすることは，今日の天気を予測する情報システムを利用することに等しい。

6　天気予報に情報価値があるのは，気象に対する事前の確率予測が予報によって修正されるからである。予報に信頼がなければ，事前確率が修正されることはない。本例でいえば，いずれの状態 s_j の下でも，$p(y_G|s_j) = p(y_B|s_j) = 0.5$ であるとすれば，確率信念は何ら修正されない。そのような情報システムは意思決定に何ら影響を与えないから，無価値になる。

意思決定者はいずれの状態が起こるかに関して，五分五分のリスクにさらされている。しかし，一旦，シグナルが入手されると，それがy_Gであれば，好ましい状態s_1になる確率信念が87.5％に高まり，好ましくない状態s_2になる確率信念が12.5％に低下する。受け取るシグナルがy_Bであったときは，逆に，s_1になる確率が25％に低下し，s_2になる確率が75％に高まる。いずれのシグナルの下でも，状態の生起についての見通しが良くなるという意味において，意思決定者が直面するリスクが減少することがわかる。予測情報を入手する意義はそこにある。

　さて，確率信念がこのように修正されると，入手されるシグナルに応じて最適な行動を選ぶことができる。シグナル別の期待効用を求めると次のようになる。

シグナルがy_Gのとき：
　リスク中立的な場合

$$a_1 : (0.875)\,10{,}000 + (0.125)\,10{,}000 = 10{,}000 \tag{14-12}$$

$$a_2 : (0.875)\,16{,}900 + (0.125)\,3{,}600 \ = 15{,}237.5 \tag{14-13}$$

　リスク回避的な場合

$$a_1 : (0.875)\sqrt{10{,}000} + (0.125)\sqrt{10{,}000} = 100 \tag{14-14}$$

$$a_2 : (0.875)\sqrt{16{,}900} + (0.125)\sqrt{3{,}600} \ = 121.25 \tag{14-15}$$

シグナルがy_Bのとき：
　リスク中立な場合

$$a_1 : (0.25)\,10{,}000 + (0.75)\,10{,}000 = 10{,}000 \tag{14-16}$$

$$a_2 : (0.25)\,16{,}900 + (0.75)\ 3{,}600 = \ 6{,}925 \tag{14-17}$$

　リスク回避的な場合

$$a_1 : (0.25)\sqrt{10,000} + (0.75)\sqrt{10,000} = 100 \tag{14-18}$$
$$a_2 : (0.25)\sqrt{16,900} + (0.75)\sqrt{3,600} \ = \ 77.5 \tag{14-19}$$

したがって，いずれの効用関数の下でも，シグナルがy_Gであれば行動a_2を選択し，y_Bであればa_1を選択するのが最適となる[7]。ただし，シグナルがy_Gになるかy_Bになるかは，確率現象であって，$p(y_m)$に依存する[8]。したがって，この決定ルールを採用するときの期待効用は次の値になる。

リスク中立的な場合
$$(0.4)15,237.5 + (0.6)10,000 = 12,095 \tag{14-20}$$
リスク回避的な場合
$$(0.4)121.25 + (0.6)100 = 108.5 \tag{14-21}$$

リスク中立的な場合，予測情報を利用しないときの期待利得（期待効用）は10,250であったから，1,845だけ価値が増加する。ゆえに，リスク中立的な意思決定者にとっては，この情報システムには1,845の経済的価値（増分価値）があるといえる[9]。

この情報システムでは，いずれのシグナルyも状態の生起を確実には予測することができない。その意味で「不完全」である。仮に，シグナ

7　どのシグナルの下でも同じ行動が選択されるとすれば，その場合にも情報は決定に影響を与えないから，情報システムは無価値になる。

8　注5で述べた市場調査の例をとれば，情報システムを設置するかどうか，すなわち，調査するかどうかを検討している段階では，いずれの調査結果が出るかは，確率的にしか予測できない。

9　リスク回避的な場合は，この情報システムを利用したときの期待効用108.5の確実性等価11,772.25（＝$(108.5)^2$）と情報システムを利用しないときの期待効用100の確実性等価10,000（＝$(100)^2$）との差1,772.25として求めることができる。ただし，これが唯一の計算方法ではない。確実性等価については第7章および本章末の補遺を参照されたい。

ル y_G が誤りなく s_1 になることを知らせ, y_B が誤りなく s_2 になることを知らせるとしたら,完全な予知ができるという意味で,情報システムは「完全」になる。状態とシグナルが1対1に対応するケースがそれである。その場合には, $p(y_G) = p(y_B) = 0.5$ となり,シグナルが y_G のときは a_2 を, y_B のときは a_1 を選択するのが最適となるから,期待効用は次の値になる。

リスク中立的な場合
$$(0.5)16,900 + (0.5)10,000 = 13,450 \tag{14-22}$$
リスク回避的な場合
$$(0.5)\sqrt{16,900} + (0.5)\sqrt{10,000} = 115 \tag{14-23}$$

これらの数値は,情報によって改善できる期待効用の上限値を表す。ゆえに,リスク中立的な場合,完全情報システムの増分価値は3,450になる。

3.　意思決定権限の配分

以上の論議から,情報を意思決定に反映させる意義が明らかになった。組織論的には,より良い決定をさせるには意思決定者と情報を結びつけなければならないという含意が得られる。「決定権のある者が意思決定者である」と定義するならば[10],決定権と情報(知識)を併置(collocate)させるにはどのようなアプローチが考えられるであろうか。1つは,決定権のある者に情報を移転させる方法であり,もう1つは,情報をもっている者に決定権を移す方法である。前者は,情報の伝達システムをどのように設計するかという問題を提起し,後者は組織のなかに決定権をどのように配分するかという問題を提起する。知識(情報)を移転するコストが,いずれのアプローチが有効であるかを左右する[11]。当然なが

10　現実には,決定権のない者に意思決定の実権が移っているケースもあるから,現実がこの定義どおりになっているわけではない。

ら，移転コストが高い場合は，後者のアプローチが選択される。

　移転コストは知識の内容に依存する。数量や価格などの「一般的な知識」は容易に移転することができ，ほとんどコスト負担なく意思決定者に伝達することができるので，前者のアプローチが有効になる。会計情報がその典型例である。あらゆる管理階層の意思決定者に会計情報を提供することが意思決定会計の役割であることは第1章で述べたところである。企業が追求する具体的な目的が何であり，各部署がそのためにどのような貢献をなすべきかについての情報がそれぞれの意思決定者に伝達されなければ，目的に適合する意思決定はできないであろう。

　それに対して，企業を取り巻く環境や市場の状況（顧客の嗜好，ライバル企業やサプライヤーの動向など），技術・生産設備・人的資源・人間関係などに関する「特定的な知識（暗黙知）」は移転コストが大きいため，情報をもっている者に決定権を移すアプローチが有効になる[12]。前節の例において，環境に近い立場にある管理者だけが予測情報を保有しており，本部にこれを伝達するのが困難であるとすれば，この意思決定を管理者に任せた方がよいことになる。情報の所在地に決定権を移すことによって，移転コストを節約できると同時に，不十分な情報による決定によって生じる機会損失を減少できると期待されるからである[13]。また，下部への権限委譲によって，上位者の仕事量を軽減できるであろう。

　経営に関わるすべての意思決定権限は，本来，株主から経営を委託された取締役会と最高経営責任者（CEO）に帰属する。しかし，組織の

11　知識（情報）の移転コストには，伝達に要するコストだけでなく，内容を正しく習得して意思決定に結びつけるまでに要するさまざまなコストが含まれる。Cf. Jensen and Meckling［1995］p.5.

12　研究開発プロジェクトの担当者はプロジェクトの将来性を，機械のオペレーターは機械のクセを，誰よりもよく知っているであろう。

13　権限が委譲されていない場合には，すべての問題についてトップの決裁を仰がなければならないから，環境の変化にタイムリーに対応できず，収益機会を逸するケースが多くなる。

規模が拡大し，情報の移転コストが高まるにつれ，業務執行に関わる権限が執行役員以下の下部組織に委譲され，集権的組織から分権的組織に移行していく経緯がこのように説明できるのである[14]。

　しかし，決定権の委譲にはマイナス面のあることにも留意しなければならない。権限委譲によって意思決定者は最も良い情報をもつ立場に置かれるとしても，その人が企業目的に忠実にその決定権を行使するインセンティブをもっているという保証はないからである[15]。経営者自身が企業目的に忠実な意思決定を行うならば第1章で述べたエイジェンシー・コストは発生しない。しかし，下部への権限委譲が進むほど，意思決定者の個人目的と企業目的との乖離が大きくなるとすれば，個人的利益のために権限行使が歪められ，エイジェンシー・コストが増大するであろう。図表14.5は，権限委譲のプラス効果とマイナス効果のトレードオフの結果として分権化の最適水準が定まることを示している。縦軸はコスト，横軸は経営階層における意思決定者のCEOからの距離を表している。原点はCEOのオフィスを示している。「不十分な情報が発生させるコスト」には，情報を取得するコスト（移転コストを含む）と，すべての関連情報を入手するにはコストが過大になるため，不十分な情報で結論を出すことから生じる機会損失が含まれる。決定権が特定的な知識のあるところに近づくにつれて，このコスト曲線は減少し，決定権と特定知識が併置されたところで，すなわち，B点で最小になる。一方，原点からの右上がりの曲線は，意思決定者の追求する目的が企業目的から乖離することから生じるエイジェンシー・コストを表している。ここ

14　職務記述書は，各職務の担当者にどのような決定権が配分されるかを公式化した文書である。職能ごとに分散化された専門的な知識を集約するために，商品企画，設計，製造，マーケティングなどの機能横断的な専門家集団（プロジェクト・チーム）に決定権が配分されるケースもある。マトリックス組織はその例である。

15　研究プロジェクトの技術者は，個人的な関心を満足させるために，企業の利益に何ら貢献しないプロジェクトを推進しようとするかも知れない。機械のオペレーターは，機械を能率よく動かす方法を知っていても，それが自分の利益に繋がらないとすれば，その知識を活用しようとはしないであろう。

では，株主とCEOとの間にエイジェンシー問題は存在しないと仮定しているので，この曲線は原点を通っている。CEOからの距離が大きくなるほど目標不一致（goal incongruence）が拡大し，エイジェンシー・コストが増大する。2つのコストの合計が組織の総コストである。それを最小にするA点が分権化の最適水準になる。

図表14.5　分権化の最適レベル

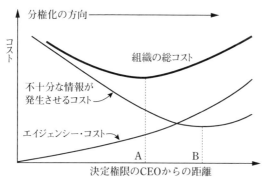

（出所）Jensen and Meckling［1995］p.12.

　組織の規模が大きくなると，意思決定に特定的な知識は組織のあらゆるレベルに拡散する。したがって，B点が横軸上のどこに位置するかは問題の内容によって多様に異なるであろう。企業全体に影響が及ぶような戦略計画に関わる情報は経営のトップ階層に集中しているから，それらの決定権はトップ・マネジメントに留保される。それによってエイジェンシー・コストも最小化される。一方，事業部に固有の情報は事業部内に集中しているから，事業部活動に関わる決定権は事業部長に与えられる。

　図表14.5は，エイジェンシー・コストの存在が分権化の最適水準をB点よりも上位にシフトさせることを示している。例えば，販売員が顧客

や市場の動向を最もよく知っている立場にあるとすれば，販売量を伸ばすという観点からは，価格などに関わる販売条件の決定権は彼らに与えるのが最適であるかも知れない。しかし，顧客との結託といった形でこの権利が濫用されるおそれがあるとすれば，決定権をより上位に留保しておくのが賢明な判断となる。エイジェンシー・コストの節約額が，意思決定の最適化を犠牲にするコストを上回るからである。

第1章で，エイジェンシー・コストはエイジェントの利己的な行動をコントロールするコストと残余損失から構成されると述べた。残余損失の節約額の方がコントロール・コストよりも大きいはずであるから，適切なコントロール・システムが存在していなければ，図表14.5のエイジェンシー・コストはもっと大きくなっていたはずである。このコスト曲線の上昇は分権化の最適水準を左方（上位階層）にシフトさせる。ゆえに，コントロール・システムを十分に機能させることが権限委譲を促進する前提条件となる。コントロールを伴わない分権化はあり得ないのである。

補遺　リスクに対する態度と効用関数

意思決定者は所得などの金銭的利得に対してどのような効用を感じるであろうか。金銭的利得が増加すれば効用も増大することについては異論がないであろう。つまり，効用関数は利得の増加関数と考えられる。利得の変動に対してはどうであろうか。この点を図表14.6の意思決定モデルで説明しよう。

図表14.6　意思決定モデル

	s_1	s_2	期待利得	標準偏差
a_1	x	x	x	0
a_2	$x-q$	$x+q$	x	q
p_j	0.5	0.5		

このモデルでは，行動 a と状態 s の組み合わせに応じて3種類の利得 $(x-q,\ x,\ x+q)$ が生じる。x と q はいずれもプラスの値とする。a_1 は確定利得をもたらす代替案であり，a_2 はリスクのある代替案である。しかし，状態 s_j が生じる確率 p_j が等しいので，a_2 の期待利得は x となって，a_1 と同じ値になる。リスクの大きさ（標準偏差）は a_1 がゼロになるのに対して，a_2 は $q\ (>0)$ となる。さて，意思決定者はどちらの代替案を選好するであろうか。期待利得が同じであるから，リスクを好まない人は間違いなく a_1 を選ぶであろう。そのような人を**リスク回避者**という。金銭的利得ないし富 w に対する**効用関数**を $U(w)$ と表すと，リスク回避者のこの選択は次のように示すことができる。

$$U(x) > (0.5)\,U(x-q) + (0.5)\,U(x+q) \tag{14-24}$$

a_1 を選んだのは，その期待効用（左辺）が a_2 の期待効用（右辺）を上回ったからである。上式は次のように変形される。

$$U(x) - U(x-q) > U(x+q) - U(x) \tag{14-25}$$

この式は，利得が期待値 x よりも q だけ減少するときの効用の減分（左辺）が，同額だけ増加するときの効用の増分（右辺）よりも大きくなることを示している。したがって，リスク回避者の効用関数 $U(w)$ は，図表14.7のように逓減的な（横軸に向かって凹型の）増加関数となる。つまり，効用関数の1階微分である限界効用 $U'(w)\ (>0)$ が逓減するのである（$U''(w)<0$）（'は1階微分，''は2階微分を表す）。線分 AO は，$U(x)$ に等しいので，行動 a_1 の期待効用を表す。一方，線分 CO は $U(x-q)$，線分 DO は $U(x+q)$ に等しいので，両者の中点（線分 BO）が行動 a_2 の期待効用になる。線分 AO が BO よりも大きくなっているのは，この意思決定者の選好を反映している。横軸の点 CE は，行動 a_2 と同一の効用をもたらす確実な利得水準であり，**確実性等価**（CE: certainty equivalent）という。期待値との差 $(x-CE)$ は，リスク負

担を回避するために支払ってもよいと考える金額（負のリスクプレミアム）の上限を表す[16]。

　2つの行動を無差別と判断する人は，リスクに無関心であるから，**リスク中立者**と呼ばれる。その場合には，期待利得の大きさだけで代替案の優劣を判断するので，(14-24) と (14-25) はそれぞれ等式になる。したがって，リスク中立者の効用関数は直線になり，点CEは期待値xに重なる。一方，a_2を選好する人は**リスク愛好者**であり，効用関数は逓増的な（凸型の）増加関数となる。点CEは期待値xよりも大きくなる。経済分析においては，意思決定者はリスク中立的かリスク回避的と仮定するのが一般的である。

図表14.7　リスク回避的効用関数

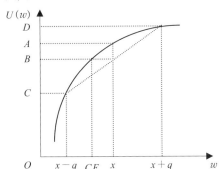

　本書では，2種類のリスク回避的効用関数を用いる。1つは，パワー（累乗）関数，

$$U(w) = w^a \quad (a < 1) \tag{14-26}$$

である。$a = 0.5$とすれば，$U(w) = \sqrt{w}$になる。もう1つは，負の指数関数

$$U(w) = -\exp(-rw) \tag{14-27}$$

である[17]。ここで$r (> 0)$は，リスクを嫌悪する程度を表し，絶対的

リスク回避係数と呼ばれるプラスの係数である[18]。2つの効用関数を図示すると，図表14.8と図表14.9になる。パワー関数はwがプラスの定義域に限定されるのに対し，指数関数にはそのような制限がないのが便利である。指数関数の効用はマイナスの値で測定され，$w = 0$で-1になり，wが大きくなるにつれて，ゼロに漸近する。

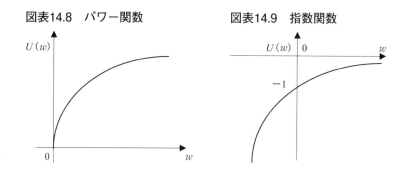

図表14.8　パワー関数　　　　図表14.9　指数関数

図表14.6の利得行列に$x = 5,000$，$q = 5,000$という値を指定して期待効用を求めよう。$a = 0.5$，$r = 0.0001$とした場合，それぞれの値は図表

17　expは自然対数（$\ln \equiv \log_e$）の底（e）であり，約2.718の定数である。exp（$-rw$）はべき乗することを表している。すなわち，$e^{-rw}(=1/e^{rw})$である。exp A $= e^A = D$について，両辺の対数をとると，$A = \ln D$となることを確認しておこう（$\because \ln e = 1$，$\ln e^A = A$）。

18　意思決定者がリスクを嫌悪する程度は，次式で定義される**絶対的リスク回避係数**$R(w)$によって表される。

$R(w) = - U''(w)/U'(w)$

絶対的リスク回避係数の逆数（$=1/R(w)$）を**リスク許容度**という。2つの効用関数について，各係数を求めると次のようになる。

$U(w)$	$U'(w)$	$U''(w)$	$R(w)$	$1/R(w)$
w^α	$\alpha w^{\alpha-1}$	$\alpha(\alpha-1)w^{\alpha-2}$	$(1-\alpha)/w$	$w/(1-\alpha)$
$-\exp(-rw)$	$r\exp(-rw)$	$-r^2\exp(-rw)$	r	$1/r$

aは小さくなるほど，rは大きくなるほど，リスク回避度が大きくなり，リスク許容度は低下する。$a = 1$であれば，効用関数は直線（リスク中立）になるので，リスク回避度はゼロ，リスク許容度は無限大になる。パワー関数の場合，wが増加するにつれてリスク回避度が小さくなるが（$R'(w) < 0$），指数関数の場合は一定である（$R'(w) = 0$）。

14.10のように計算される[19]。いずれの効用関数の下でも，リスクのない代替案a_1の期待効用がリスクのある代替案a_2のそれを上回っていることが確認される。図表14.11は同一水準の効用をもたらすリスクとリターンの組み合わせ（無差別曲線）を示している。横軸に標準偏差（リスク），縦軸に期待利得（リターン）がとられている。リスクが同一であれば，リターンが大きくなるほど効用が増加するから，左上の曲線は右下の曲線よりも望ましい組み合わせになる。行動a_1は，リスクがゼロ，期待利得が5,000であったから，A点に対応し，行動a_2はリスクとリターンがともに5,000であるから，B点に対応する。確実性等価CEはどうであろうか。a_1が5,000になるのは自明である。a_2については，$\sqrt{w}$の場合は，

$$\sqrt{CE}=50 \tag{14-28}$$

となるから，$CE=2,500$になり，リスクプレミアムの上限は2,500（$=5,000-2,500$）になる[20]。指数関数の場合は，

$$-\exp(-0.0001\times CE)=-0.684 \tag{14-29}$$

となるから，両辺について対数をとると，$-0.0001CE=\ln0.684$となるので，これを解くと，$CE=3,798.0$となる[21]。したがって，リスクプレミアムの上限は1,202.0（$=5,000-3,798.0$）になる。意思決定者がリスクに無関心でリターンのみに関心がある場合，無差別曲線は水平になる。逆に，極度にリスク回避的であり，リスクの削減のみに関心がある場合は，垂直になる。

図表14.10　期待効用の計算

	$U(w)=\sqrt{w}$	$U(w)=-\exp(-0.0001w)$
a_1	$\sqrt{5,000}=70.71$	$-\exp(-0.5)=-0.607$
a_2	$(0.5)\sqrt{10,000}+(0.5)\sqrt{0}=50$	$(0.5)(-\exp(-1))+(0.5)(-\exp0)=-0.684$

19　関数電卓の$\sqrt{\ }$キーとe^xキーを押せば，容易にこの値が求められる。表計算ソフトを使ってもよい。

図表14.11　リスクとリターンに対する無差別効用曲線

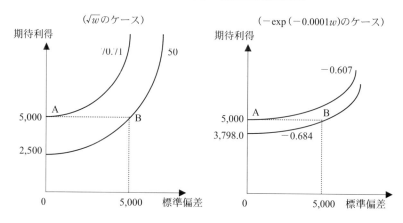

<table>
<tr><td>（√wのケース）</td><td>（−exp（−0.0001w）のケース）</td></tr>
</table>

20　行動a_2は、現在10,000円の財産を所有しているが、50％の確率で何らかの事故に遭遇するときに全財産を失うリスクにさらされている状況に該当する。保険に入ってこのリスクを保険会社に移転できるとした場合、保険料の最大額は事故による期待損失額5,000円（＝0.5×10,000）にリスクプレミアムの上限2,500円を加えた7,500円になる。この保険料を支払った後の財産は確実性等価に一致する。それ以下の保険料で契約を結べるならば、期待効用は増加する。保険料が5,000円（リスクプレミアムがゼロ）であれば、a_1を選択した状況が実現する。

21　関数電卓のlnキーを押すと、ln0.684＝−0.3798となる。

［第14章 練習問題］

　あなたは，確実なキャッシュフロー（$x = 380$万円）をもたらすA案と，不確実なキャッシュフロー（$x_1 = -200$万円，$x_2 = 400$万円，$x_3 = 700$万円）を確率（$p(x_1) = 0.15$，$p(x_2) = 0.55$，$p(x_3) = 0.30$）でもたらすB案のいずれかを選択しようとしている。

問1　あなたがリスク中立的である場合，どの案を選択しますか。その理由も述べなさい。

問2　この意思決定にあたり，2つのシグナル（y_G, y_B）をアウトプットする情報システムが利用できるとしよう。B案を選択した場合のキャッシュフローxとシグナルyの結合確率$p(x_j, y_m)$は次のようになる。シグナルの確率$p(y_m)$と事後確率$p(x_j|y_m)$を求めなさい。

	x_1	x_2	x_3
y_G	0.05	0.25	0.20
y_B	0.10	0.30	0.10

問3　リスク中立的である場合，この情報システムの利用によって，意思決定はどれだけ改善されるか。改善額を示しなさい。

15 │ 業績管理会計の理論

《**目標＆ポイント**》　業績管理会計の理論の基礎を習得することを目標とする。業績評価がどのような原理で行われるかについて，リスク・シェアリングの観点から理解しよう。
《**キーワード**》　業績管理会計，エイジェンシー関係，プリンシパル，エイジェント，リスク・シェアリング，成果配分，パレート最適，業績情報システム

1. 分析の枠組み

　第1章で述べたように，業績管理会計は，意思決定者の行動と将来の環境要因との結合結果として生じる業績を報酬（組織の処遇）に結びつける業績評価ルールを通じて，意思決定者の行動選択に影響を与えることを目的とする会計領域である。そこでの会計の役割を説明するには，影響を受ける当事者だけでなく，業績評価ルールを通じて特定の影響を与えようとするもう一方の当事者を明示的に考慮しなければならない。つまり，評価する者と評価される者の相互作用を分析対象にしなければならないので，分析の枠組みとしては，単一人ではなく，**複数人モデル**（multi-person model）が必要となる。業績を評価される者と評価する者は，デシジョン・マネジメントとデシジョン・コントロールという役割分担を通じて，権限委譲の関係で結ばれているので，両者はまさしくエイジェンシー関係にある。

　エイジェンシー理論は，経営者（依頼人，プリンシパル）とエイジェント（代理人）の契約関係に着目し，そこに働く利害調整のメカニズム

に基づいて組織の仕組みや行動原理を説明する経済理論である。経営者は株主との関係では代理人の立場にあるが，企業の組織内においては，経営者は管理者に決定権限を委譲し，業績評価を通じて管理者をコントロールする立場にあるので，経営者をプリンシパル，管理者をエイジェントとするエイジェンシー関係が成立している。本章では，経営者と管理者の間のエイジェンシー関係に注目して，両者間に存在する利害対立を調整する手段としてインセンティブ・システムを位置付けて，業績管理という観点から，業績情報と報酬の関係を分析する。

　業績に応じて報酬をどのように決定するかは，本質的には，成果配分の問題であり，それを取り決める段階では，将来の業績は不確実であるから，成果配分は業績に関わるリスクをどのように分担するかという問題と表裏の関係にある。そこで，インセンティブの論議に入る前段階として，業績情報がリスク分担に果たす役割を明らかにしておこう。

2.　リスク・シェアリング

　経営者と管理者の間で取り交わされる報酬契約に焦点をあて，最適にリスクを分担するという観点から，成果配分のあり方を分析しよう。経営者（プリンシパル）をP，管理者（エイジェント）をAとして，2人がチームを組んで，等しい確率でhigh（H）かlow（L）の金銭利得（x_H, x_L）が生じる事業に携わるものとしよう。簡単化のために，$x_H = 9,000$円，$x_L = 0$円とする。経営者は利得xを収入し，管理者に報酬zを支払い，残余$x - z$を受取ると仮定する。それぞれの効用が，前章の「補遺」で紹介した負の指数関数$U^P(\cdot)$，$U^A(\cdot)$で表され，絶対的リスク回避係数を$r_P = 0.0001$，$r_A = 0.0002$とする。その逆数はリスク許容度であったから，これを$c_P = 10,000$，$c_A = 5,000$と表そう。つまり，経営者は管理者よりもリスク回避の度合いが低く，リスクを許容できる程度が2倍で

あると想定する。そうすると，経営者にとって最適な報酬契約 z は次式によって求められる。

$$目的関数：\max 0.5U^{\mathrm{P}}(x_{\mathrm{H}}-z_{\mathrm{H}}) + 0.5U^{\mathrm{P}}(x_{\mathrm{L}}-z_{\mathrm{L}})$$
$$制約条件：0.5U^{\mathrm{A}}(z_{\mathrm{H}}) + 0.5U^{\mathrm{A}}(z_{\mathrm{L}}) \geqq \theta \tag{15-1}$$

ここで，z_{j}（j=H, L）は利得 x_{j} に対応する報酬である。θ（シータ）は，管理者が経営者と契約せずに，他の雇用機会を選択したときに得られる期待効用を表す。この機会原価を**留保効用**という。つまり，管理者を経営者との契約に留保しておくために，最低限，満足させなければならない水準をいう。

目的関数は，残余 $x-z$ に対する経営者の期待効用を最大にする報酬 z_{H} と z_{L} を求めるべきことを示している。制約条件は，管理者の期待効用が留保効用を下回らないことを要求している。管理者が契約に合意するためのこの必要条件を**個人的合理性条件**（IR条件：individual rationality）という。この制約条件が強意の不等式（＞）で成立する場合には，報酬の引き下げ余地があることになるから，最適解は常に等式（＝）で成立する。他の雇用機会から得られる管理者報酬（留保賃金）を2,000円とすると，留保効用 θ は次の値になる[1]。

$$\theta = -\exp(-0.0002 \times 2{,}000) = -\exp(-0.4) = -0.670 \tag{15-2}$$

（15-2）式の最適解を求めると，2人の間の成果配分は次のようになる[2]。

$$z_j = \frac{c_{\mathrm{A}}}{c_{\mathrm{P}}+c_{\mathrm{A}}} x_j + \frac{c_{\mathrm{P}}c_{\mathrm{A}}}{c_{\mathrm{P}}+c_{\mathrm{A}}} \ln \frac{c_{\mathrm{P}}\lambda}{c_{\mathrm{A}}} \tag{15-3}$$

$$x_j - z_j = \frac{c_{\mathrm{P}}}{c_{\mathrm{P}}+c_{\mathrm{A}}} x_j - \frac{c_{\mathrm{P}}c_{\mathrm{A}}}{c_{\mathrm{P}}+c_{\mathrm{A}}} \ln \frac{c_{\mathrm{P}}\lambda}{c_{\mathrm{A}}} \tag{15-4}$$

1　関数電卓の e^x キー（$x=-0.4$）を押すと，この値が得られる。

　ここで，λ（ラムダ）は経営者の交渉力を1としたときの管理者の相対的な交渉力を表すプラスの定数である[3]。(15-3) 式と（15-4）式は，それぞれ，双方の配分がどのように決定されるべきかを示している。両式を合計すると，両辺とも利得x_jになることが確認される。

　右辺第1項は，利得x_jをリスク許容度の相対比に応じて配分すべきこと，つまり本例では，経営者に2/3，管理者に1/3の比率で配分すべきことを示している。したがって，利得が9,000円のときは，経営者が6,000円，管理者が3,000円を配分され，利得がゼロのときは，双方の配分額はゼロになる。要するに，いずれの利得が実現するかは契約段階では不確実であるため，リスクの負担能力に応じてこれを分担するのが合理的であろうという結論が導かれているのである。別の見方をすると，報酬が業績に比例して支払われるという意味において，この報酬関数の第1項は

2　(15-1) 式の条件付き最大化問題は，次式のラグランジェ関数Lを
$$L \equiv 0.5U^{\mathrm{P}}(x_{\mathrm{H}} - z_{\mathrm{H}}) + 0.5U^{\mathrm{P}}(x_{\mathrm{L}} - z_{\mathrm{L}}) + \lambda \{0.5U^{\mathrm{A}}(z_{\mathrm{H}}) + 0.5U^{\mathrm{A}}(z_{\mathrm{L}}) - \theta\}$$
と定義して，Lを最大にする変数z_{H}とz_{L}を求めることによって最適解が得られる。ここで，λはラグランジェ定数であり，制約条件が等式で成立するとき，すなわち，λ以下の｜　｜内の値がゼロになるときプラスの値になる（これを**スラックの相補性**という）。

　　Lをz_j（j=H, L）でそれぞれ偏微分すると，最適性の1階条件は次式になる。
$$0.5(-U^{\mathrm{P'}}(x_j - z_j) + \lambda U^{\mathrm{A'}}(z_j)) = 0 \tag{A}$$
　微分の公式（$\dfrac{d\exp(x)}{dx} = \exp(x)$）により，$U^{\mathrm{P'}}(x_j - z_j) = r_{\mathrm{P}}\exp(-r_{\mathrm{P}}(x_j - z_j))$，$U^{\mathrm{A'}}(z_j) = r_{\mathrm{A}}\exp(-r_{\mathrm{A}}z_j)$ となるから，これを (A) 式に代入すると，
$$\exp(-r_{\mathrm{P}}(x_j - z_j))/\exp(-r_{\mathrm{A}}z_j) = (r_{\mathrm{A}}/r_{\mathrm{P}})\lambda$$
となる。これを整理すると，（$\exp(a)/\exp(b) = \exp(a-b)$ により），
$$\exp(r_{\mathrm{A}}z_j - r_{\mathrm{P}}(x_j - z_j)) = (r_{\mathrm{A}}/r_{\mathrm{P}})\lambda$$
となるから，両辺について自然対数をとると，（$\ln\exp(a) = a$ により）
$$r_{\mathrm{A}}z_j - r_{\mathrm{P}}(x_j - z_j) = \ln(r_{\mathrm{A}}\lambda/r_{\mathrm{P}})$$
となる。これを整理すると，
$$z_j = (r_{\mathrm{P}}/(r_{\mathrm{P}} + r_{\mathrm{A}}))x_j + (1/(r_{\mathrm{P}} + r_{\mathrm{A}}))\ln(r_{\mathrm{A}}\lambda/r_{\mathrm{P}})$$
となる。$r_{\mathrm{P}} = 1/c_{\mathrm{P}}$，$r_{\mathrm{A}} = 1/c_{\mathrm{A}}$ であったから，これを上式に代入すると，(15-3) 式が導かれる。

3　θ と λ は1対1の正の関係にあり，一方が大きくなると他方も大きくなる。

222

歩合給（比例給）と見なすことができる[4]。それに対する管理者の期待効用を計算すると，次のようになる。

$$0.5(-\exp(-0.0002 \times 3,000)) + 0.5(-\exp(-0.0002 \times 0))$$
$$= 0.5\{-\exp(-0.6) - \exp(0)\} = -0.774 \qquad (15\text{-}5)$$

この値は θ を下回っているから，歩合給だけでは制約条件を充足できないことがわかる。留保効用に一致させるには，それに加えて管理者への何らかの追加支払いが必要になる。(15-3) 式の第2項がその部分である。第2項を見ると，2人の間の相違は符号だけであり，また，不確実要因である x が含まれていないので，第2項は，利得の実現値に関係なく，どちらか一方が他方に一定額を支払うことを要求しているように解される。この金銭授受を**サイドペイメント**という。その金額と符号はリスク許容度 c と交渉力の相対比 λ によって定まる。$c_P\lambda/c_A \geqq 1$ であれば，$\ln(c_P\lambda/c_A) \geqq 0$ となるから，サイドペイメントは，経営者から管理者への支払いとなり，$c_P\lambda/c_A < 1$ であれば，$\ln(c_P\lambda/c_A) < 0$ となるから，管理者から経営者への支払いとなる。前者は，基本給ないし固定給に相当し，後者は，ビジネス（あるいはゲーム）に参加するためのエントリー・フィーないしロイヤリティに相当する。本例におけるサイドペイメントはいくらになるであろうか。(15-3) 式の第2項を K で表すと，個人的合理性条件（等式）より，次の方程式が導かれる。

$$0.5(-\exp(-0.0002(3,000+K))) + 0.5(-\exp(-0.0002K)) = -0.670$$
$$(15\text{-}6)$$

試行錯誤によってこれを解くと，$K=723$ という値が求まる[5]。K がプラスになるから，サイドペイメントは経営者から管理者に支払われることになる。かくして，両者の間の成果配分は図表15.1のようになる[6]。報

4　このように，利得 x を線型に配分するのが最適になったのは，財産 w の大きさがリスク回避度に影響を与えないという前章の注18で述べた指数効用関数の特性によるものであって，どの効用関数においても，そうなるわけではない。

5　因みに，$(c_Pc_A/(c_P+c_A))\ln(c_P\lambda/c_A) = K$ を解くと，$\lambda = 0.621$ になる。K の値は θ から導かれているので，λ と θ は1対1に対応している。

図表15.1　利得情報xのもとでの成果配分　　（単位：円）

	$x_\mathrm{H}=9{,}000$	$x_\mathrm{L}=0$	期待値(4,500)	標準偏差(4,500)
z_j	3,723	723	2,223	1,500
x_j-z_j	5,277	-723	2,277	3,000

酬zと残余$x-z$のそれぞれの標準偏差は，後者が前者の2倍になっており，経営者が管理者の2倍のリスクを引き受けていることがわかる。両者の期待効用EUと確実性等価CEは次のようになる。

$$\text{管理者：}EU^\mathrm{A}=0.5(-\exp(-0.0002\times3{,}723))$$
$$+0.5(-\exp(-0.0002\times723))$$
$$=0.5(-0.475)+0.5(-0.865)=-0.670$$
$$CE^\mathrm{A}=-c_\mathrm{A}\ln0.670=2{,}000（円）\tag{15-7}$$
$$\text{経営者：}EU^\mathrm{P}=0.5(-\exp(-0.0001\times5{,}277))$$
$$+0.5(-\exp(0.0001\times723))$$
$$=0.5(-0.590)+0.5(-1.075)=-0.832$$
$$CE^\mathrm{P}=-c_\mathrm{p}\ln0.832=1{,}833（円）\tag{15-8}$$

管理者報酬の確実性等価CEは留保賃金に一致している。図表15.2は経営者（縦軸）と管理者（横軸）の実現可能な期待効用の組み合わせを

図表15.2　パレート最適解集合

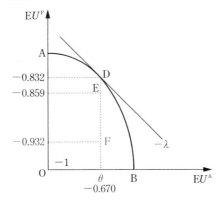

6　つまり，成果配分は，$z_j=(1/3)x_j+737$，$x_j-z_j=(2/3)x_j-737$となる。

示している。右上に進むほど両者の効用は増加する。曲線は，θの変化に対する経営者の最適期待効用の変化を示している。曲線内部の組み合わせは他者の効用を減少させずに自己の効用を高めることができるが，曲線上の点は，他者の効用を犠牲にせずには自己の効用を高められないという関係が成立している。このような曲線上の集合を**パレート最適**（Pareto optimal）という[7]。点Dは，われわれが求めた契約によって達成される最適解を示している。

　ところで，この報酬契約において，いかなる利得が実現したかを契約当事者に知らせる業績情報の役割に注意しなければならない。利得xと業績情報の関係を論議するために，業績情報をシグナルyと定義して，前章の論議に従って，利得（x_H, x_L）を業績情報（y_H, y_L）に変換するシステムを**業績情報システム**として捉えることにしよう。(15-1) 式のモデルでは，経営者が利得xを受け取る立場にあると仮定したから，どのxが実現したかに関する情報yが管理者に知らされなければならない。逆に，管理者が利得を受け取る場合には，経営者にその情報が伝達されなければならない。いずれの場合においても，業績情報システムに対する信頼がなければ，情報に基づいて成果配分を受ける側は契約に合意しないであろう。実際は9,000円の利得（x_H）が実現していても，ゼロを知らせる情報（y_L）を伝達すれば，自分の取り分を大きくできるから，情報を受け取る立場からすれば，そのようなウソが伝達されることが大いに予想されるからである。そうだとすれば，これまでの論議は，暗黙のうちに，xを誤りなくyに変換する完全情報システムを利用できることを前提にしてきたことになる。それは見方を変えれば，契約当事者以外の裁判所や公認会計士などの第三者が，証拠に基づいて，情報の真実

7　原点Oは，現状（status quo），すなわち，何もしない状態を表す。そのときの両者の利得はゼロであるから，効用は－1になる。A点とB点は，それぞれ，経営者と管理者がビジネスから得られる利得を独占するときの期待効用を表す。最適解は，パレート曲線と－λの勾配をもつ直線が接するところに存在する。その点で$EU^A = \theta$が成立する。

性を立証できることを前提にしてきたことを含意する。第1章では，この情報要件を検証可能性と表現した。業績情報が検証可能であれば，情報の真偽を巡って当事者間に争いが起きた場合，いずれの主張が正しいかが第三者によって証明されるから，そうした争いの起こる余地を予め排除することができるのである。

　検証可能な業績情報システムを利用できない場合には，報酬契約はどのようになるであろうか。x_Hがy_Lと報告されるとすれば，伝達されるシグナルは単一（y_L）だけになるから，管理者の報酬は固定額に帰着する[8]。とすれば，経営者にとっては，留保賃金に相当する固定給（2,000円）を支払うのが最適となる。図表15.3はその場合の成果配分を示している。

図表15.3　固定給契約による成果配分　（単位：円）

	$x_H=9,000$	$x_L=0$	期待値(4,500)	標準偏差(4,500)
z_j	2,000	2,000	2,000	0
x_j-z_j	7,000	$-2,000$	2,500	4,500

両者の期待効用EUと確実性等価CEは，次のように計算される。

$$管理者：EU^A = -\exp(-0.0002\times2,000)) = -0.670$$
$$CE^A = -c_A\ln0.670 = 2,000（円） \tag{15-9}$$
$$経営者：EU^P = 0.5(-\exp(-0.0001\times7,000))$$
$$+ 0.5(-\exp(0.0001\times2,000))$$
$$= -0.859$$
$$CE^P = -c_P\ln0.859 = 1,520（円） \tag{15-10}$$

　図表15.2の点Eはこの固定給契約の結果を示している。明らかに，これはパレート最適ではない。残余（$x-z$）の期待値が増加しているにもかかわらずEU^Pが低下したのは，経営者がすべてのリスクを負担しなければならないからである。点Dと点Eに対応する確実性等価CE^Pの差

8　x_Lがy_Hと報告されることはない。

は，検証可能な業績情報を入手できるか否かの相違に由来するから，本例における業績情報システムの価値は313円（＝1,833−1,520）と評価される。

　経営者が，これまでと同様に成果配分の決定権を留保するが，利得を受け取る権限を管理者に委譲した場合には，事態はどのように変わるであろうか。その場合には，経営者が利得の分配を受ける立場になるから，業績情報は管理者から伝達されることになる。ただし，検証可能で完全な業績情報システムが存在すれば，権限委譲はこれまでの成果配分に何ら影響を与えない。なぜならば，(15-1) 式の目的関数式の$x-z$と制約条件式のzが相互に入れ替わるだけであり，最適解は何ら変化しないからである。しかし，検証可能な業績情報が利用できない場合には，管理者ではなく経営者が，固定額の配分を受ける立場になる。つまり，管理者が経営者に固定的なロイヤリティを支払うことになる。図表15.4はその場合の成果配分を示している。ここでも，上段が管理者，下段が経営者の受取額を示している。

図表15.4　固定ロイヤリティ契約による成果配分

（単位：円）

	x_H＝9,000	x_L＝0	期待値(4,500)	標準偏差(4,500)
x_j-z_j	8,301	−699	3,801	4,500
z_j	699	699	699	0

両者の期待効用EUと確実性等価CEは次のように計算される。

$$管理者：EU^A = 0.5(-\exp(-0.0002 \times 8,301))$$
$$+ 0.5(-\exp(0.0002 \times 699))$$
$$= -0.670$$
$$CE^A = -c_A \ln 0.670 = 2,000（円）\tag{15-11}$$

$$経営者：EU^{\mathrm{P}} = -\exp(-0.0001 \times 699) = -0.932$$
$$CE^{\mathrm{P}} = -c_{\mathrm{p}}\ln 0.932 = 699（円）\tag{15-12}$$

　図15.2の点Fはこの結果を示している。この契約では，リスク許容度の低い管理者がすべてのリスクを負担し，リスク許容度の高い経営者がリスクを一切負担しないという不合理な成果配分が行われる。そのため，管理者に配分する期待金額をかなり増やさなければ，留保効用を満足させることができなくなるから，その分だけ経営者の取り分が減少するのである。期待効用が著しく低下したのは，そのためである。

　したがって，信頼できる業績情報システムが存在する場合には，利得を受け取る権限を管理者に委譲することができるが，そうでない場合には，利得を受け取る権限は経営者が留保し，管理者に固定給を支払う契約を結ぶべきである，というのがここでの結論となる[9]。

3.　プリンシパル・エイジェント・モデル

　本節では，リスクシェアリング・モデルを拡張したプリンシパル・エイジェント・モデルを説明する。前節では，利得xの発生確率は（等確率に）固定されていた。しかし，利得の発生確率は，エイジェントである管理者の努力に応じて変化すると考えた方がより現実的であろう。そこで，努力aというファクターを導入して，いかなる利得xが実現するかは努力の量aに依存すると仮定しよう。ただし，努力は必ず報われるわけではないし，逆に，さしたる努力をしなくても良い結果になることもあり得る。努力（インプット）と成果（アウトプット）の間のそうした偶然性（運・不運）を考慮して，利得xの確率分布を努力aの条件付確率$P(x|a)$と表すことにしよう。もちろん，努力するほど良い成績に結びつく可能性が高くなると考えるのが自然であろうから，利得の条件付期待値$E(x|a)$は，aの増加に応じて大きくなると仮定しよう。利得

9　株主と経営者との関係では，実質的に利得を受け取るのは経営者であるから，検証可能な会計情報システムを構築することがいかに重要であるかが，理解されるであろう。

228

を受け取る立場にあるプリンシパルである経営者が，例外なく，エイジェントである管理者により大きな努力を期待するのは，xとaの間にこのような関係が存在するからである。しかし，エイジェントの側にはこの要求に素直に応えられない事情が存在する。努力は本人に，肉体的疲労や精神的ストレスといったマイナスの効用をもたらすからである。そのために，行動（努力）選択を巡って両者の間に衝突（conflict）が生じる[10]。

このコンフリクトを解決するカギは報酬zの決め方にある。支払う報酬は払われた努力に報いるものであることが基本である。管理者の努力を経営者が観察できる場合は，報酬契約をインプットaに依存させることができる（$z(a)$）。しかし，努力を観察できない場合は，その代理変数が必要となる。会計が測定するアウトプットxに関する業績情報がその代表例である。その場合には，報酬契約はxの関数になる（$z(x)$）。ただし，利得情報xが検証可能でなければならないことは前節で述べたとおりである[11]。ここでも，その条件が満たされているものと仮定する。

k番目の利得をx_kと表し，それに対応する報酬をz_kと表すことにしよう。努力の選択肢も複数あり，a_iを，経営者が管理者に選択して欲しい努力水準であるとしよう。そうすると，経営者にとって最適な報酬関数z_kを求める問題は，次のように定式化される。

$$
\text{目的関数：} \max \ \pi \equiv \sum_k P_{ki}(x_k - z_k)
$$
$$
\text{制約条件（A）：} EU \equiv \sum_k P_{ki}U(z_k) - V_i \geqq \theta \tag{15-13}
$$

$P_{ki}(\equiv P(x_k|a_i))$は，行動$a_i$が実行されたときに利得$x_k$が生じる確率を表す。$U(\cdot)$は管理者の所得に対する効用関数，$V_i$は努力$a_i$の負効用，Eは期待値を表す。$\theta$は管理者が要求する留保効用である。

10　経営者・管理者・モデルにはこのような利害対立の要因が存在するが，前節で扱ったリスク・シェアリング・モデルにはそのような対立要因は存在しない。

11　ここでは利得xそのものを業績情報と考える。

図表15.5　代理契約のタイム・ダイアグラム

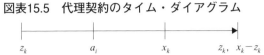

z_k	a_i	x_k	$z_k,\ x_k-z_k$
契約締結	行動選択	業績測定	成果配分

　ここでは，経営者はリスク中立と仮定しており，目的関数は，報酬支払後の期待利益πが最大になるように報酬関数z_kを決定すべきことを示している[12]。制約条件（A）は，管理者の期待効用EUが留保効用を下回らないことを要求する個人的合理性条件である。図表15.5は契約の推移を時系列で示している。経営者が提示する契約z_kの下で管理者がa_iを選択すると，努力と攪乱要因の結合結果として特定の利得x_kが実現する。そうすると，当初の約束に従って，管理者は報酬z_kを支払われ，経営者は残余x_k-z_kを受け取って，エイジェンシー関係が終了する。

　数値例で（15-13）式の問題を解いてみよう。

［数値例A］ $U(z_k)=\sqrt{z_k}$ 　　　$\theta=80$

P_{ki}	$x_1=30{,}000$円	$x_2=90{,}000$円	V_i
a_{H}	$\dfrac{1}{3}$	$\dfrac{2}{3}$	20
a_{L}	$\dfrac{2}{3}$	$\dfrac{1}{3}$	0

　管理者はリスク回避的であり，効用は平方根関数で表され，80の留保効用を要求している。努力はhighかlowの2つの選択肢（$a_{\mathrm{H}},\ a_{\mathrm{L}}$）があり，その負効用は$V_{\mathrm{H}}$が$V_{\mathrm{L}}$よりも大きくなっている。努力と環境要因の結合結果として，高低2種類の利得（$x_1<x_2$）が生じる。経営者にとっては，どちらの行動を選択させるのが有利であろうか。行動別の期待利得を計算すると次のようになる。

12　プリンシパルをリスク中立と仮定するのは，ここではリスク・シェアリング機能よりも，業績情報の動機づけ機能に焦点を当てるためである。

$$\mathrm{E}(x|a_{\mathrm{H}}) = \frac{1}{3} \cdot 30,000 + \frac{2}{3} \cdot 90,000 = 70,000 \text{円} \quad (15\text{-}14)$$

$$\mathrm{E}(x|a_{\mathrm{L}}) = \frac{2}{3} \cdot 30,000 + \frac{1}{3} \cdot 90,000 = 50,000 \text{円} \quad (15\text{-}15)$$

a_{H}は，a_{L}よりも，期待利得を20,000円増加させるが，管理者に負担させる負効用も大きくなるので，a_{H}を選択させるには，負効用の増大を補償するに足る報酬の増加が必要となる。したがって，それに要する報酬の増加が20,000円以下であれば，a_{H}を選択させることが有利になる。この条件が整っているとすれば，(15-13) 式は次式になる。

$$目的関数：\max \; \pi = 70,000 - \left(\frac{1}{3} z_1 + \frac{2}{3} z_2 \right)$$

$$(15\text{-}16)$$

$$制約条件（A）： \frac{1}{3} \sqrt{z_1} + \frac{2}{3} \sqrt{z_2} - 20 \geqq 80$$

各式は行動a_{H}が選択されることを前提にしている。目的関数の第2項は報酬の期待値$\mathrm{E}(z)$であるから，上式は期待報酬を最小にするz_1とz_2を求める問題になっている。

図表15.6　最適リスク・シェアリング（最善解）

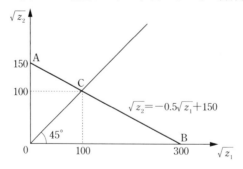

　制約条件（A）を整理すると，

$$\sqrt{z_2} \geqq -0.5\sqrt{z_1} + 150 \qquad (15\text{-}17)$$

となる。$\sqrt{z_2}$ と $\sqrt{z_1}$ を，それぞれ，縦軸，横軸とする2次元の平面を用意すると，z_1 と z_2 は，いずれも，非負（non-negative）でなければならないから，上式を満足する領域は図表15.6の線分ABで区画される第1象限の右上部分になる。期待報酬を最小化することが目的であったから，(15-16) 式の個人的合理性条件は等式で成立する。ゆえに，線分AB上が選択対象となる。線分AB上のどの点も，報酬に対する期待効用が100になるから，管理者にとっては無差別であるが，報酬のリスクは大きく異なる。管理者はリスク回避的であったから，リスクを負担させる場合には，留保効用を満足するために，リスク・プレミアムの支払いが必要となり，その分だけ報酬を増加させなければならない。したがって，報酬を固定額にするのが経営者にとって最適なリスク分担となる。その場合に限り，リスク・プレミアムの支払いがゼロになり，期待報酬が最小になるからである。原点からの45°線と線分ABとの交点Cがその点である。$Z \equiv z_1 = z_2$ とすると，$\sqrt{z} = 100$ となり，$Z = 10,000$円になる[13]。したがって，(15-16) 式の目的関数値は次のとおりになる[14]。

$$\pi = \mathrm{E}(x|a_{\mathrm{H}}) - Z = 70,000 - 10,000 = 60,000\text{円} \qquad (15\text{-}18)$$

　リスクを最適に分担するこの解を**最善解**と呼ぶことにしよう。

　かくして，固定給契約が最適であることが明らかになった。しかし，この報酬契約には，管理者の行動を経営者が観察できなければ，契約違反が起こるという重大な弱点が潜んでいる。というのは，固定給が保証されるので，管理者は業績を気にかける必要がなく，契約で取り決めた行動 a_{H} ではなく a_{L} を選択すれば，経営者に気づかれることなく，負効用を引き下げ，期待効用を80から100（＝100－0）に高めることができ

13　報酬に対する効用100は，留保効用80と努力の負効用20から構成される。
14　行動 a_{L} を選択させる場合は，$\sqrt{Z} = 80$ となるので，報酬は $Z = 6,400$円で済む。しかし，目的関数値は，$\mathrm{E}(x|a_{\mathrm{L}}) - Z = 50,000 - 6,400 = 43,600$（円）に低下するから，行動 a_{H} を選択させるべきであることが確認される。

るからである。しかし，a_L が実行されるならば，期待利得 $E(x)$ は 50,000円に減少するため，それから10,000円の報酬を支払うと，経営者が受け取る期待利益 π は，契約で想定した60,000円ではなく，40,000円に低下する。行動が観察できる場合には，契約違反に対してペナルティを課すことができるから，管理者には a_L を選択する余地はない。このように，行動に関する情報の非対称性——行動が隠されていること（hidden action）——が原因となって，管理者の行動選択の動機が変化して，経営者に損失が及ぶ現象を，一般に，**モラルハザード**（moral hazard）という[15]。両者の差（20,000円）は，エイジェンシー関係から生じるから，エイジェンシー・コストに該当する。かくして，行動を観察できることが，この契約が履行されるための前提条件となる[16]。その場合には，このような契約違反に対してペナルティ（例えば，ゼロの報酬）を課すことができるからである（$z(a_H) = 10,000$円，$z(a_L) = 0$ 円）。したがって，行動が観察される限り，業績情報 x は不用となる[17]。

　次に，行動を観察できない条件の下で履行できる契約を分析しよう。その場合には，利得情報 x に基づいて報酬契約を結ぶことになるが，管

15　モラルハザードという用語の初出は，保険の文献にあると言われる。例えば，盗難保険の契約を結んで，被保険者が盗難で損害を受けるリスクを完全に保険会社に移転してしまうと，盗難事故の発生を抑制しようとする誘因がなくなり，その結果，事故率が上昇し，保険会社に損失が及ぶ現象がそれである。

16　ただし，努力を観察できない場合であっても，管理者がリスク中立的であれば，残余請求権をプリンシパルとエイジェントの間で交換すれば，最善解に到達することができる。つまり，プリンシパルに固定額（60,000円）を支払い，エイジェントが残余（$x_k - 60,000$円）を受け取ることにすれば，管理者は自発的に行動 a_H を選択するであろう。a_L を選べば，自分が損するからである。要するに，怠慢のつけを他人に回す余地がなければ，モラルハザードは起きないのである。ただしその場合，管理者はすべてのリスクを負担しなければならないし，残余請求権を購入するには，通常，多額の資金が必要になるので，この解決策を適用できる余地は限定される。**MBO**（management buy out）はその一例であろう。

17　努力を観察できれば，業績情報はつねに不要になるわけではない。プリンシパルがリスク回避的であれば，リスク・シェアリングが必要となるから，業績情報の有用性が失われないことは前節で述べたところである。

理者が行動a_Lを選択しても，ペナルティを課すことができないので，モラルハザードを起こさせないようにする仕組みが必要となる。経営者にとって望ましい行動a_iを選択することが管理者にとっても望ましいという状況を作り出せば，両者の利害が一致し，行動選択に関わる衝突を解消できるであろう。このことを一般式で書けば，次のようになる。

$$\text{(B)} \sum_k P_{ki}U(z_k) - V_i \geqq \sum_k P_{kj}U(z_k) - V_j \quad \text{for all } j \neq i \quad (15\text{-}19)$$

上式は，行動a_iを選択するときの管理者の期待効用（左辺）がそれ以外の行動$a_j(\neq a_i)$を選択するときの期待効用（右辺）を下回らないことを表しているから，この条件が満足されるならば管理者は自発的にa_iを選択するであろう。したがって，これを**動機づけ条件**，ないし**誘因両立条件**（IC条件：incentive compatibility）という。

そうすると，われわれの問題は次のように表される。

$$\text{目的関数：max } \pi = 70,000 - \left(\frac{1}{3}z_1 + \frac{2}{3}z_2\right)$$

$$\text{制約条件（A）：} \frac{1}{3}\sqrt{z_1} + \frac{2}{3}\sqrt{z_2} - 20 \geqq 80 \qquad (15\text{-}20)$$

$$\text{（B）：} \frac{1}{3}\sqrt{z_1} + \frac{2}{3}\sqrt{z_2} - 20 \geqq \frac{2}{3}\sqrt{z_1} + \frac{1}{3}\sqrt{z_2}$$

制約式（B）が本例の動機づけ条件である。これを整理すると，

$$\sqrt{z_2} \geqq \sqrt{z_1} + 60 \qquad (15\text{-}21)$$

となる。これは，$z_2 > z_1$が必要条件となること，つまり，業績の良し悪しに応じて報酬を増減させなければならないことを示している。ということは，固定給によっては動機づけができないことを示唆すると同時に，それはリスクを課すことを意味するから，動機づけのためには最適なリスク・シェアリングを断念しなければならないことを含意する。しかし，過大なリスク負担は報酬を増大させるから，インセンティブとリスクの

最適なトレードオフを見つけることが経営者にとっての課題になる。

図表15.7　動機づけの最適解（次善解）

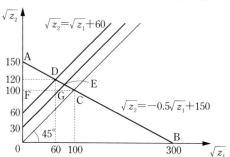

（15-17）式と（15-21）式の双方を満足する領域は，図表15.7の線分ABの右上部分と60を縦軸切片とする45°線の左上部分が重なる第1象限の領域になる。ただし，前述したように（15-17）式は等式になるので，実行可能な組み合わせは線分AD上になる。そのなかのリスクを最小化する点が最適となることは，前述したとおりである。2つの直線の交点Dがその点である。したがって，（15-20）式の最適解は次のとおりになる[18]。

$$\sqrt{z_1}=60 \qquad \sqrt{z_2}=120 \qquad z_1=3,600円 \qquad z_2=14,400円$$

$$\mathrm{E}(z)=\frac{1}{3}\cdot 3,600+\frac{2}{3}\cdot 14,400=10,800円$$

$$\pi=\mathrm{E}(x|a_\mathrm{H})-\mathrm{E}(z)=70,000-10,800=59,200円$$

　最善解の期待報酬との差（800円）は，リスク・プレミアムであり，動機づけのためのコストと解される。期待利益 π はその分だけ減少して

18　点Dでは，動機づけ条件も等式で成立するから，どちらの行動を選択しても期待効用が等しくなり，管理者にとって無差別となる。ここでは，無差別である限り管理者はプリンシパルが望む行動を選択するものと仮定している。

いる[19]。しかし，このコスト負担によって，エイジェンシー・コストは19,200円節約されている。この解を**次善解**と呼んでおこう。

　この契約では，報酬は業績に応じて変化する。一方，約束どおりの行動a_Hを実行しても，利得が必ずx_2になるという保証はない。業績が悪かった場合には，報酬の低下を甘んじて受け入れなければならない。つまり，業績をベースとする変動給は結果責任を問うことを含意するのである。リスク・プレミアムを受け取ることによって，管理者の効用は，期待値では留保効用に一致するが，業績に応じて次のように変化することがわかる。

$$x_1 : 60 - 20 \ = 40 (< \theta)$$
$$x_2 : 120 - 20 = 100 (> \theta)$$

4．業績情報システムの評価

　このように業績情報xと報酬（業績評価）zの間のあるべき関係を分析するエイジェンシー・モデルを用いれば，管理者行動を経営者に伝達する手段としての業績情報システムの有用性を分析することが可能になる。本章の第2節では，利得xを契約当事者に伝達する情報システムを論議したが，ここでは，管理者行動aを検証可能な利得情報xに変換するシステムを業績情報システムとして捉えることにする。その情報構造は，aを所与とするxの条件付確率$P_{ki}(= P(x_k|a_i))$によって与えられる。先の数値例では，攪乱要因によるノイズのために，いずれの利得情報によっても，どの行動が選択されたかを確実には知ることができなかった。しかし，情報システムの精度を改善していくことによって，最善解に近づくことができると考えられる。そこで，［数値例A］の情報システムP_{ki}を修正する2つの可能性を分析しよう。図表15.8に2つのバリエーションが示されている。

19　これまで，残余損失（residual loss）と呼んできたものがこれである。

図表15.8　業績情報システムの２つのバリエーション

	P_{ki}	$x_1 = 30{,}000$円	$x_2 = 90{,}000$円
1	a_H	$\dfrac{1}{3}$	$\dfrac{2}{3}$
	a_L	1	0
2	a_H	0	1
	a_L	$\dfrac{2}{3}$	$\dfrac{1}{3}$

　いずれの情報システムも，aとxの対応関係は１対１になっていないので，不完全である。しかし，バリエーション１のシグナルx_2はa_Hが実行されたことを誤りなく伝え，バリエーション２のシグナルx_1はa_Lが実行されたことを誤りなく伝える。それ以外の行動をとったときは，そのシグナルになる確率がゼロになっているからである。

　他の条件はすべて同一として，この情報システムを利用できるときの最適解を求めると，それぞれ次のようになる。

　　バリエーション１：$\sqrt{z_1} = 80$　　　$\sqrt{z_2} = 110$

　　　　　　　　　　　$z_1 = 6{,}400$円　　　$z_2 = 12{,}100$円

$$\mathrm{E}(z) = \frac{1}{3} \cdot 6{,}400 + \frac{2}{3} \cdot 12{,}100 = 10{,}200\text{円}$$

　　　$\pi = 70{,}000 - 10{,}200 = 59{,}800$円

　P_{kH}は修正されていないので（15-20）式の個人的合理性条件は変化せず，動機づけ条件のみが次のように変化する。

$$(\mathrm{B}) \quad \frac{1}{3}\sqrt{z_1} + \frac{2}{3}\sqrt{z_2} - 20 \geqq \sqrt{z_1} \qquad (15\text{-}22)$$

　これを，図表15.7のグラフ上に表すと30を縦軸切片とする45°線になる。したがって，これと直線ABとの交点Eが最適解となる。EはDとCの間にあるので，報酬のリスクが低下し，リスク・プレミアムの節約が可能になる。期待利益は，その金額だけ増加している。これは情報シ

ステムの改善がもたらす効果である。

$$\text{バリエーション2：} \sqrt{z_1}=0 \quad \sqrt{z_2}=100 \quad z_1 = 0\,\text{円} \quad z_2 = 10{,}000\,\text{円}$$

$$\text{E}(z) = 10{,}000\,\text{円}$$

$$\pi = 90{,}000 - 10{,}000 = 80{,}000\,\text{円}$$

この解を図表15.7のグラフ上に示すと点Fになる。これは最悪のリスク・シェアリングのように見えるが，そうではない。a_H を実行する限り，z_1 が適用されることはないからであり，この報酬構造の下で，a_L を実行すると，利得が x_1 になった場合，契約に違反した事実が露見するため，z_1 の値を，ペナルティとして，上記のように低くしておけば[20]，a_H が唯一の選択肢となるからである。そうである限り，リスクを負担させる必要がないから，最適なリスク・シェアリングが実現するのである。

バリエーション1では，a_L を実行する限り x_2 が実現する余地がないため，契約に違反する誘因が低下し，動機づけに必要な報酬格差を縮小できたことによって，解が改善されている。一方，バリエーション2で解が改善されたのは，a_L を実行すると，経営者は利得情報によってその事実を確実にキャッチでき，実質的に固定給で動機づけができる状況が生まれたことによるものである。また，a_H が選択される限り，確実に x_H が実現するので，最善解よりも期待利益が増加している。

付録 一般的解法

期待報酬 $\text{E}(z)$ を最小化する［数値例A］の問題を記号で示すと以下のようになる。

目的関数：$\max \; -(P_{1\text{H}}z_1 + P_{2\text{H}}z_2)$

制約条件：$\text{(A)}\,P_{1\text{H}}U(z_1) + P_{2\text{H}}U(z_2) - V_\text{H} \geqq \theta$ (A.1)

$\text{(B)}\,P_{1\text{H}}U(z_1) + P_{2\text{H}}U(z_2) - V_\text{H} \geqq P_{1\text{H}}U(z_1) + P_{2\text{H}}U(z_2) - V_\text{L}$

---

[20] バリエーション2では，個人的合理性条件は，$\sqrt{z_2} - 20 \geqq 80$ となり，前述したように，最適解では等式が成立するから，$\sqrt{z_2} = 100$ となる。一方，動機づけ条件は，$\sqrt{z_2} \geqq \sqrt{z_1} + 30$ となり，$0 \leqq \sqrt{z_1} \leqq 70$ を満足するいずれの $\sqrt{z_1}$ も均衡解になり得る。図表15.7の線分FGがそれである。

この条件付き最大化問題のラグランジェ関数Lは次式になる。

$$L \equiv -P_{1H}z_1 - P_{2H}z_2 + \lambda\,(P_{1H}U(z_1) + P_{2H}U(z_2) - V_H - \theta\,)$$
$$+ \mu\,((P_{1H} - P_{1L})\,U(z_1) + (P_{2H} - P_{2L})\,U(z_2) - V_H + V_L) \qquad (A.2)$$

ここで，λとμは，それぞれ，IR条件とIC条件に対するラグランジェ定数と呼ばれるプラスの定数である[21]。上式をz_kで偏微分して，最適性条件を適用すると，

$$\frac{\partial L}{\partial z_k} = -P_{kH} + \lambda P_{kH}U'(z_k) + \mu\,(P_{kH} - P_{kL})\,U'(z_k) = 0 \quad k=1,\ 2$$

$$(A.3)$$

となる。ここで，U'は，効用関数Uの1階微分であり，上式を整理すると，

$$\frac{1}{U'(z_k)} = \lambda + \frac{\mu\,(P_{kH} - P_{kL})}{P_{kH}} \qquad k=1,\ 2 \qquad (A.4)$$

となる。本例では，$U(z) = \sqrt{z}$，$U'(z) = 1/2\sqrt{z}$であるから，次式が導かれる。

$$\sqrt{z_k} = 0.5\Big(\lambda + \frac{\mu\,(P_{kH} - P_{kL})}{P_{kH}}\Big) \qquad k=1,\ 2 \qquad (A.5)$$

P_{ki}に数値例1の数値を当てはめると，（A.5）式は次のようになる。

$$\sqrt{z_1} = 0.5\Big(\lambda + \mu\Big(\frac{1}{3} - \frac{2}{3}\Big)\Big/\frac{1}{3}\Big) = 0.5(\lambda - \mu) \qquad (A.6)$$

$$\sqrt{z_2} = 0.5\Big(\lambda + \mu\Big(\frac{2}{3} - \frac{1}{3}\Big)\Big/\frac{2}{3}\Big) = 0.5\Big(\lambda + \frac{\mu}{2}\Big) \qquad (A.7)$$

これを，（15-7）式の（A）（B）2つの制約条件式（等式）に代入すると，λとμの値が求まる。$\lambda = 200$，$\mu = 80$になることを確認されたい。これを上式に代入すれば，$\sqrt{z_1} = 60$，$\sqrt{z_2} = 120$という値が確定する。

（B)のIC条件式が制約として働かない場合は，スラックの相補性によ

21　制約条件式（A），（B）が，等式ではなく，不等式（>）で成立する場合には，λとμは，それぞれ，ゼロになるという関係がある。これを**スラックの相補性**という。

り，$\mu = 0$ となるので，$\sqrt{z_1}=\sqrt{z_2}=0.5\lambda=100$ となり，報酬は固定給（最善解）になる（$\lambda = 200$）。したがって，λ と μ は，それぞれ，固定給部分と業績給部分を規定することがわかる。なお，業績情報システムのバリエーション 1 では，$\lambda=200$，$\mu=20$ となり，バリエーション 2 では，$\lambda=200$，$\mu=0$ となることを確認されたい。

【第15章　練習問題】

［数値例A］の利得 x の発生確率 P_{ki} を次のように修正し，他の条件はすべて同一と仮定する。

P_{ki}	$x_1=30{,}000$円	$x_2=90{,}000$円
a_H	$\frac{1}{4}$	$\frac{3}{4}$
a_L	$\frac{2}{3}$	$\frac{1}{3}$

問1　管理者の行動を観察できる場合の最適な報酬関数 z と，経営者が受け取る報酬支払後の期待利益 π を求めなさい。

問2　管理者の行動を観察できない場合の最適な報酬関数 z と，経営者が受け取る報酬支払後の期待利益 π を求めなさい。

付表1　複利現価係数表

$$\frac{1}{(1+r)^n}$$

n＼k	2%	3%	4%	5%	6%	7%	8%	9%
1	0.9804	0.9709	0.9615	0.9524	0.9434	0.9346	0.9259	0.9174
2	0.9612	0.9426	0.9246	0.9070	0.8900	0.8734	0.8573	0.8417
3	0.9423	0.9151	0.8890	0.8638	0.8396	0.8163	0.7938	0.7722
4	0.9238	0.8885	0.8548	0.8227	0.7921	0.7629	0.7350	0.7084
5	0.9057	0.8626	0.8219	0.7835	0.7473	0.7130	0.6806	0.6499
6	0.8880	0.8375	0.7903	0.7462	0.7050	0.6663	0.6302	0.5963
7	0.8706	0.8131	0.7599	0.7107	0.6651	0.6227	0.5835	0.5470
8	0.8535	0.7894	0.7307	0.6768	0.6274	0.5820	0.5403	0.5019
9	0.8368	0.7664	0.7026	0.6446	0.5919	0.5439	0.5002	0.4604
10	0.8203	0.7441	0.6756	0.6139	0.5584	0.5083	0.4632	0.4224
11	0.8043	0.7224	0.6496	0.5847	0.5268	0.4751	0.4289	0.3875
12	0.7885	0.7014	0.6246	0.5568	0.4970	0.4440	0.3971	0.3555
13	0.7730	0.6810	0.6006	0.5303	0.4688	0.4150	0.3677	0.3262
14	0.7579	0.6611	0.5775	0.5051	0.4423	0.3878	0.3405	0.2992
15	0.7430	0.6419	0.5553	0.4810	0.4173	0.3624	0.3152	0.2745

n＼k	10%	11%	12%	13%	14%	15%	20%	30%
1	0.9091	0.9009	0.8929	0.8850	0.8772	0.8696	0.8333	0.7692
2	0.8264	0.8116	0.7972	0.7831	0.7695	0.7561	0.6944	0.5917
3	0.7513	0.7312	0.7118	0.6931	0.6750	0.6575	0.5787	0.4552
4	0.6830	0.6587	0.6355	0.6133	0.5921	0.5718	0.4823	0.3501
5	0.6209	0.5935	0.5674	0.5428	0.5194	0.4972	0.4019	0.2693
6	0.5645	0.5346	0.5066	0.4803	0.4556	0.4323	0.3349	0.2072
7	0.5132	0.4817	0.4523	0.4251	0.3996	0.3759	0.2791	0.1594
8	0.4665	0.4339	0.4039	0.3762	0.3506	0.3269	0.2326	0.1226
9	0.4241	0.3909	0.3606	0.3329	0.3075	0.2843	0.1938	0.0943
10	0.3855	0.3522	0.3220	0.2946	0.2697	0.2472	0.1615	0.0725
11	0.3505	0.3173	0.2875	0.2607	0.2366	0.2149	0.1346	0.0558
12	0.3186	0.2858	0.2567	0.2307	0.2076	0.1869	0.1122	0.0429
13	0.2897	0.2575	0.2292	0.2042	0.1821	0.1625	0.0935	0.0330
14	0.2633	0.2320	0.2046	0.1807	0.1597	0.1413	0.0779	0.0254
15	0.2394	0.2090	0.1827	0.1599	0.1401	0.1229	0.0649	0.0195

付表２　年金現価係数表

$$\frac{(1+k)^n - 1}{k(1+k)^n}$$

n \ k	2%	3%	4%	5%	6%	7%	8%	9%
1	0.9804	0.9709	0.9615	0.9524	0.9434	0.9346	0.9259	0.9174
2	1.9416	1.9135	1.8861	1.8594	1.8334	1.8080	1.7833	1.7591
3	2.8839	2.8286	2.7751	2.7232	2.6730	2.6243	2.5771	2.5313
4	3.8077	3.7171	3.6299	3.5460	3.4651	3.3872	3.3121	3.2397
5	4.7135	4.5797	4.4518	4.3295	4.2124	4.1002	3.9927	3.8897
6	5.6014	5.4172	5.2421	5.0757	4.9173	4.7665	4.6229	4.4859
7	6.4720	6.2303	6.0021	5.7864	5.5824	5.3893	5.2064	5.0330
8	7.3255	7.0197	6.7327	6.4632	6.2098	5.9713	5.7466	5.5348
9	8.1622	7.7861	7.4353	7.1078	6.8017	6.5152	6.2469	5.9952
10	8.9826	8.5302	8.1109	7.7217	7.3601	7.0236	6.7101	6.4177
11	9.7868	9.2526	8.7605	8.3064	7.8869	7.4987	7.1390	6.8052
12	10.5753	9.9540	9.3851	8.8633	8.3838	7.9427	7.5361	7.1607
13	11.3484	10.6350	9.9856	9.3936	8.8527	8.3577	7.9038	7.4869
14	12.1062	11.2961	10.5631	9.8986	9.2950	8.7455	8.2442	7.7862
15	12.8493	11.9379	11.1184	10.3797	9.7122	9.1079	8.5595	8.0607

n \ k	10%	11%	12%	13%	14%	15%	20%	30%
1	0.9091	0.9009	0.8929	0.8850	0.8772	0.8696	0.8333	0.7692
2	1.7355	1.7125	1.6901	1.6681	1.6467	1.6257	1.5278	1.3609
3	2.4869	2.4437	2.4018	2.3612	2.3216	2.2832	2.1065	1.8161
4	3.1699	3.1024	3.0373	2.9745	2.9137	2.8550	2.5887	2.1662
5	3.7908	3.6959	3.6048	3.5172	3.4331	3.3522	2.9906	2.4356
6	4.3553	4.2305	4.1114	3.9975	3.8887	3.7845	3.3255	2.6427
7	4.8684	4.7122	4.5638	4.4226	4.2883	4.1604	3.6046	2.8021
8	5.3349	5.1461	4.9676	4.7988	4.6389	4.4873	3.8372	2.9247
9	5.7590	5.5370	5.3282	5.1317	4.9464	4.7716	4.0310	3.0190
10	6.1446	5.8892	5.6502	5.4262	5.2161	5.0188	4.1925	3.0915
11	6.4951	6.2065	5.9377	5.6869	5.4527	5.2337	4.3271	3.1473
12	6.8137	6.4924	6.1944	5.9176	5.6603	5.4206	4.4392	3.1903
13	7.1034	6.7499	6.4235	6.1218	5.8424	5.5831	4.5327	3.2233
14	7.3667	6.9819	6.6282	6.3025	6.0021	5.7245	4.6106	3.2487
15	7.6061	7.1909	6.8109	6.4624	6.1422	5.8474	4.6755	3.2682

練習問題解答 |

第2章　練習問題解答

原　価　計　算　表　　　　　（単位：円）

	X	Y	Z
直接材料費	750,000	1,000,000	1,350,000
直接労務費	160,000	272,000	344,000
直接経費	−	−	156,000
製造間接費	600,000	1,020,000	1,290,000
製造原価合計	1,510,000	2,292,000	3,140,000

第3章　練習問題解答

【第1問】

（問1）　30,000千円

（問2）　　840千円

（問3）　−240千円

（問4）　−120千円

　　　　　−312千円

（問5）　　+40千円

【第2問】

（問1）　−170,000円

（問2）　+70,000円

（問3）　−240,000円

（問4）　−210,000円

（問5）　予　算　差　異　　−10,000円

　　　　　変動費能率差異　−60,000円

　　　　　固定費能率差異　−70,000円

　　　　　操　業　度　差　異　−70,000円

第4章　練習問題解答
（1）伝統的原価計算

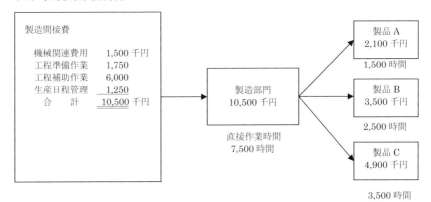

（2）活動基準原価計算

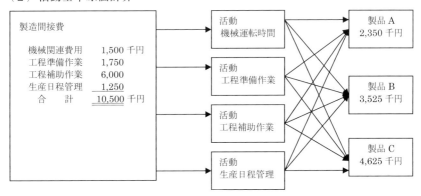

第5章　練習問題解答

直接原価計算による損益計算書　　　　　　　（単位：円）

	第1期	第2期	第3期	合　計
Ⅰ　売　上　高	500,000	500,000	525,000	1,525,000
Ⅱ　変動売上原価	200,000	200,000	210,000	610,000
変動製造マージン	300,000	300,000	315,000	915,000
Ⅲ　変動販売費	50,000	50,000	52,500	152,500
限　界　利　益	250,000	250,000	262,500	762,500
Ⅳ　固　定　費	150,000	150,000	150,000	450,000
営　業　利　益	100,000	100,000	112,500	312,500

全部原価計算による損益計算書　　　　　　（単位：円）

	第1期	第2期	第3期	合　計
Ⅰ　売　上　高	500,000	500,000	525,000	1,525,000
Ⅱ　売上原価	300,000	280,000	330,000	910,000
売上総利益	200,000	220,000	195,000	615,000
Ⅳ　販売費・一般管理費	100,000	100,000	102,500	302,500
営業利益	100,000	120,000	92,500	312,500

第6章　練習問題解答

（a）当月と来月の販売量がともにxと予測される場合，それに対応する月次ボーナスをB(x)とすると，当月の販売量をZだけ来月に繰延べ，当月販売量を$x-Z$，来月販売量を$x+Z$とする行動を動機づける。このように，月次販売量の変動性を高める行動が選好されるのは，それによって，B$(x-Z)$＋B$(x+Z)>$2B(x)となり，ボーナスを増加できるからである。

（b）当月の販売量が$x-Z$，来月の販売量が$x+Z$と予測される場合，逆のロジックにより，来月の販売量をZだけ前倒しして，販売業績を平準化する行動を動機づける。

第7章　練習問題解答

（1）均等返済額をxとすると，xは次の式を満たす値になる。

$$\frac{x}{(1+0.07)^1}+\frac{x}{(1+0.07)^2}+\cdots+\frac{x}{(1+0.07)^5}=5{,}000{,}000$$

x（0.9346＋0.8734＋0.8163＋0.7629＋0.7130）＝5,000,000

よって，$x=1{,}219{,}452.7$

1,219,453円

（2）

A案の正味現在価値（NPV）

4,000×0.9091＋4,000×0.8264＋6,000×0.7513＋8,000×0.6830＋8,000×0.6209－20,000＝1,881.0＞0

B案のNPV

6,000×3.7908－20,000＝2,744.8＞0

両案ともNPV＞0であるが，B案の値の方が大きいのでB案を採用する。

なお，内部利益率を求めると，A案は13％，B案は15％である。

第8章　練習問題解答

源泉別資本コストの計算（単位：億円）

① 社債の資本コスト $k_D = 7.8\%$

$$76 = \frac{4}{1+k_D} + \frac{84}{(1+k_D)^2}$$

これを解くと，$k_D = 0.078$

② 優先株の資本コスト $k_P = 6\%$

$$k_P = \frac{300}{5,000} = 0.06$$

③ 普通株の資本コスト $k_S = 9\%$

$$k_S = 3 + 1.2 \times (8 - 3) = 9\%$$

WACCの計算（単位：億円）

		構成比
社　債の時価	76	0.20
優先株の時価	0.8	0.00
普通株の時価	300	0.80
合　計	376.8	1.00

したがって，WACC $= (1 - 0.4) \times 7.8\% \times 0.20 + 6\% \times 0.00 + 9\% \times 0.80$
$= 8.1\%$

第9章　練習問題解答

問題1　問1　（1）90億円（＝（1−0.4）×150）
　　　　　　　（2）−30億円（＝90−0.08×1,500）
　　　　問2　（1）−375億円（＝−30／0.08）
　　　　　　　（2）1,125億円（＝1,500−375）

問題2　問1　（1）90万円（＝税引前キャッシュフロー450
　　　　　　　　　　　　　　−減価償却費300−法人税等60）
　　　　　　　（2）390万円（＝NOPAT90＋減価償却費300）
　　　　　　　（3）1年度：18万円（＝90−900×0.08）
　　　　　　　　　　2年度：42万円（＝90−（900−300）×0.08）
　　　　　　　　　　3年度：66万円（＝90−（900−600）×0.08）

問2 （1）NPV：105.0万円（$= 390 \times 2.5771 - 900$）

（2）MVA：105.0万円（$= 18 \times 0.9259 + 42 \times 0.8573 + 66 \times 0.7938$）

第12章　練習問題解答

問1　$x = 200$　（$\pi = 480x - 1.2x^2 - 45{,}000,\ d\pi/dx = 480 - 2.4x = 0$）

全体利益 $= 3{,}000$（$= 480(200) - 1.2(200)^2 - 45{,}000$）

問2　振替価格 $=$ 限界費用 $= 500(dC_1(x)/dx = 100 + 2x)$

製造部門利益：0（$= 500(200) - 100(200) - 200^2 - 40{,}000$）

販売部門利益：3,000（$= 580(200) - (0.2)200^2 - 5{,}000 - 500(200)$）

第14章　練習問題解答

問1　B案

理由：　B案の期待利得は400万円（$= 0.15(-200) + 0.55(400) + 0.3(700)$）になり，A案を20万円上回るから。

問2　$p(y_G) = 0.05 + 0.25 + 0.20 = 0.5$　　$p(y_B) = 0.10 + 0.30 + 0.10 = 0.5$

$p(x_1 \mid y_G) = 0.05/0.5 = 0.1$　$p(x_2 \mid y_G) = 0.25/0.5 = 0.5$

$p(x_3 \mid y_G) = 0.20/0.5 = 0.4$

$p(x_1 \mid y_B) = 0.10/0.5 = 0.2$　$p(x_2 \mid y_B) = 0.30/0.5 = 0.6$

$p(x_3 \mid y_B) = 0.10/0.5 = 0.2$

問3　改善額：20万円

y_Gの場合：B案選択460 $= 0.1(-200) + 0.5(400) + 0.4(700)$（$> 380$）

y_Bの場合：A案選択380（$> 340 = 0.2(-200) + 0.6(400) + 0.2(700)$）

シグナル別期待利得：$0.5(460) + 0.5(380) = 420$（万円）

期待利得改善額：$420 - 400 = 20$（万円）

第15章　練習問題解答

問1　管理者が行動a_Hを実行していたとき$z = 10{,}000$（固定給）を支払い，行動a_Lを実行していたときは，ペナルティを課す。

$\pi = 75{,}000 - 10{,}000 = 65{,}000$

問2　$z_1 = 4{,}096$　$z_2 = 12{,}544$

$\pi = 75{,}000 - \{(1/4)4{,}096 + (3/4)12{,}544\} = 75{,}000 - 10{,}432$

$= 64{,}568$

参考文献 ▌

[1] Anthony, R. (1965) *Planning and Control Systems, A Framework for Analysis*, Harvard University. 高橋吉之助訳（1968）『経営管理システムの基礎』ダイヤモンド社。

[2] Brickley, J., C. Smith and J. Zimmerman (2001) *Managerial Economics and Organizational Architecture*, Second Edition (McGraw-Hill).

[3] Demski, J. (1994) *Managerial Uses of Accounting Information*, (Kluwer Academic Publishers).

[4] Fama, E. and M. Jensen (1983) "Separation of Ownership and Control," *Journal of Law & Economics*, 301 - 326.

[5] Horngren, C., S, Datar and G. Foster (2000), *Cost Accounting：A Managerial Emphasis* (Prentice-Hall).

[6] Ittner, C., D. Lacker and M. Rajan (1997) "The Choice of Performance Measures in Annual Bonus Contracts," *Accounting Review*, 231 - 255.

[7] Jensen, M. and W. Meckling (1976) "Theory of the Firm：Managerial Behavior, Agency Costs and Ownership Structure," *Journal of Financial Economics*, 305 - 360.

[8] Jensen, M. (1986) "The Agency Costs of Free Cash Flow：Corporate Finance and Takeovers," *American Economic Review*, 323 - 329.

[9] Jensen, M. and W. Meckling (1995) "Specific and General Knowledge, and Organizational Structure," *Journal of Applied Corporate Finance*, 4 - 18.

[10] Jensen, M. (2003) "Paying People to Lie：The Truth About the Budgeting Process," *European Financial Management*, 379 - 406.

[11] Kaplan, R. and D. Norton (1996) "Using the Balanced Scorecard as a Strategic Management System," *Harvard Business Review*, 75 - 85.

[12] Kaplan, R. and A. Atkinson (1998) *Advanced Management Accounting*, Third Edition (Prentice Hall).

[13] Kaplan, R. and D. Norton (2001) *The Strategy-Focused Organization*

(Harvard Business School Press). 櫻井通晴監訳（2001）『キャプランとノートンの戦略バランスト・スコアカード』東洋経済新報社。

[14]　Milgrom, P. and J. Roberts（1992）*Economics, Organization and Management*（Prentice-Hal）. 奥野正寛他訳（1997）『組織の経済学』NTT出版。

[15]　Rappaport, A.（1998）*Creating Shareholder Value : A Guide for Managers and Investors*, Revised and Updated Edition（Free Press）.

[16]　Stewart, B.（1991）*The Quest for Value*（HarperCollins）. 日興リサーチセンター訳（1998）『EVA創造の経営』東洋経済新報社。

[17]　Young, D. and S. O'Byrne,（2001）*EVA® and Value-Based Management*（McGrow-Hill）.

[18]　Zimmerman, J.（2000）*Accounting for Decision Making and Control*, Third Edition（McGrow-Hill）.

[19]　石塚博司他（1985）『意思決定の財務情報分析』国元書房。

[20]　大塚宗春・辻正雄（1999）『管理会計の基礎』税務経理協会。

[21]　佐藤紘光（1993）『業績管理会計』新世社。

[22]　佐藤紘光・飯泉清・齋藤正章（2008）『株主価値を高めるEVA経営（第2版）』中央経済社。

索引

●配列は五十音順，＊は人名を示す。

著者紹介

齋藤　正章 (さいとう・まさあき)

1967年	新潟県に生まれる
1990年	早稲田大学社会科学部卒
1995年	早稲田大学大学院商学研究科博士課程単位取得退学
現在	放送大学准教授
専攻	会計学・管理会計論
主な著書	会計情報の現代的役割（共著　白桃書房　2005年）
	株主価値を高めるEVA経営［第2版］（共著　中央経済社 2008年）
	現代の内部監査（共著　放送大学教育振興会　2022年）
	簿記入門（放送大学教育振興会　2022年）

放送大学教材　1539400-1-2211（ラジオ）

新版　管理会計

発　行　　2022 年 3 月 20 日　第 1 刷
著　者　　齋藤正章
発行所　　一般財団法人　放送大学教育振興会
　　　　　〒 105-0001　東京都港区虎ノ門 1-14-1　郵政福祉琴平ビル
　　　　　電話 03（3502）2750

Printed in Japan　ISBN978-4-595-32344-7　C1333